EL PAPA
FRANCISCO

EL PAPA
FRANCISCO

PADRE MICHAEL COLLINS

Penguin Random House

Dedico este libro, con amor y gratitud infinitos, a mi madre Helen, que siempre me ha dado su maravilloso apoyo y ha sabido transmitirme su gran fortaleza.

Edición sénior Georgina Palffy
Edición de arte sénior Gillian Andrews
Edición Helen Ridge, Carey Scott
Asistencia editorial Stuart Neilson
Diseño Stephen Bere, Bobby Birchall, Saffron Stocker
Fotografía Fotografía Felici
Documentación gráfica Renata Latipova
Documentación gráfica adicional Sarah Hopper, Jenny Faithfull
Edición ejecutiva Gareth Jones
Edición ejecutiva de arte sénior Lee Griffiths
Dirección editorial ejecutiva Liz Wheeler
Subdirección de arte Karen Self
Dirección editorial Jonathan Metcalf
Dirección de arte Phil Ormerod
Diseño de cubierta sénior Mark Cavanagh
Diseño de cubierta Suhita Dharamjit
Coordinación de cubierta Claire Gell
Dirección editorial de cubierta Saloni Singh
Desarrollo de diseño de cubierta Sophia MTT
Diseño DTP Sénior Harish Aggarval
Preproducción Ben Marcus, Gillian Reid
Producción sénior Mandy Inness

Publicado originalmente en Gran Bretaña en 2015
por Dorling Kindersley Limited
80 Strand, London WC2R 0RL
Parte de Penguin Random House

Título original: *Pope Francis. A Photographic Portrait of the People's Pope*

Edición española a cargo de **tintasimpàtica**
www.tintasimpatica.com
Traducción: Anna Nualart

ISBN 978-1-4654-4880-4

Impreso en Worzalla, Estados Unidos.

www.dk.com

SUMARIO

PREFACIO

 Al dirigirse a los demás cardenales, poco antes del cónclave que lo elegiría Papa, Jorge Bergoglio ofreció una breve meditación en la que comparaba a la Iglesia con la luna: cuando, como la luna, la fe católica refleja la luz del Hijo de Dios, todo va bien; en cambio, cuando la Iglesia piensa que brilla con luz propia, cae en la trampa del narcisismo.

Por ello, afirmaba el cardenal Bergoglio, la Iglesia debe llegar siempre hasta los márgenes de la sociedad. Es ahí, junto a los oprimidos, los pobres y los marginados, donde el mensaje de Jesús de Nazaret recupera su sentido.

Fiel a su palabra, tan pronto fue elegido, el papa Francisco buscó los márgenes. Su primer viaje fuera de Roma no lo llevó a una gran ciudad, sino a una pequeña isla frente a la costa del norte de África que albergaba a miles de inmigrantes y refugiados. Con ello, además de darles consuelo y agradecerles su hospitalidad, logró atraer la atención de los medios del mundo sobre el escándalo del tráfico de personas. Del mismo modo, en sus visitas a las parroquias romanas Francisco suele pasar más tiempo en los comedores populares y los campamentos de inmigrantes ilegales que con aquellos feligreses más afortunados.

«Jorge, no cambies, seguí siendo el mismo, porque cambiar a tu edad es hacer el ridículo», fue lo primero que pensó tras ser elegido Papa. Continuó, por tanto, haciendo muchas de las cosas que había hecho durante años, y admitiendo que la gestión no era su mayor fortaleza, reunió a un grupo de nueve cardenales para que le ayudaran a reformar la Curia Romana.

Son muchos quienes consideran que el carácter imprevisible del papa Francisco es parte de su encanto, aunque eso mismo pueda resultar exasperante para otros. No le cuesta romper los protocolos que han acompañado al papado durante años, y se siente más cómodo rodeado de gente común. A menudo se salta el guion oficial para contar anécdotas y ofrecer consejos llenos de sentido común, y no duda en tomar el teléfono para hablar con personas que le han escrito para exponerle sus cuitas.

Su personalidad le ha ocasionado a veces algunos problemas, pues sus expresiones no siempre viajan bien a otras lenguas o culturas, aunque en general todos suelen entender el sentido de lo que dice y aprecian su sinceridad.

¿Cuáles son entonces las pasiones que mueven al papa Francisco? La respuesta es sencilla: cree en la verdad de Jesús. Un destello del temperamento latino aparece siempre que se refiere a los oprimidos, al abuso que sufren los más vulnerables. Es muy claro en su deseo de dar a la mujer un mayor papel en la Iglesia, y muestra una gran compasión hacia quienes dudan de su propia fe. Hay en el mundo una gran expectación por ver cómo puede cambiar la Iglesia católica el primer jesuita que accede al papado.

Las fotografías de este libro, obra del estudio Felici de Roma, muestran tanto las ceremonias oficiales del Vaticano como numerosos encuentros improvisados con gente del pueblo, y nos ofrecen así una visión única de la vida del Papa a lo largo del año.

Michael Collins

Julio de 2015

INTRODUCCIÓN

CAMINO AL PAPADO

El 13 de marzo de 2013, el cardenal Jorge Mario Bergoglio, arzobispo de Buenos Aires, se convirtió no sólo en el primer pontífice de nombre Francisco, sino también en el primer Papa jesuita en la historia de la Iglesia católica, y el primero de origen americano. El cardenal Bergoglio era un desconocido para la mayoría de los 1 200 millones de católicos del mundo, pues había evitado la popularidad para concentrarse en la labor pastoral en su país natal, Argentina. En su diócesis se le conocía por su humildad en el servicio de los pobres, los enfermos y los marginados en los suburbios de Buenos Aires, y por su vida sencilla; así, prefería ir a pie o usar el autobús o el metro para desplazarse por la ciudad. Ésas son las cualidades que han hecho del papa Francisco (el primero a la derecha en la primera fila, en esta fotografía de la escuela primaria) uno de los papas más populares, apreciado por millones de personas en todo el mundo.

✝ LA ELECCIÓN EN 2013 DE UN PAPA LATINOAMERICANO FUE RECIBIDA COMO LA RUPTURA DE UNA TRADICIÓN SECULAR. SIN EMBARGO, AUNQUE FRANCISCO SEA EL PRIMER PAPA DE FUERA DE EUROPA, SUS ORÍGENES FAMILIARES ESTÁN MUY ENRAIZADOS EN SUELO ITALIANO. ROSA Y GIOVANNI BERGOGLIO, LOS ABUELOS DEL FUTURO PONTÍFICE, PARTIERON DE ITALIA HACIA ARGENTINA EN ENERO DE 1929 CON SU HIJO MARIO, DE 24 AÑOS. EL FASCISMO ESTABA ENTONCES EN AUGE, Y LA FAMILIA BERGOGLIO ESPERABA COMENZAR UNA NUEVA VIDA EN AMÉRICA.

La familia Bergoglio se estableció en la capital argentina, Buenos Aires, una ciudad con una gran población inmigrante, especialmente de origen italiano. Tres hermanos de Giovanni Bergoglio se habían establecido ya en Argentina, donde montaron una empresa de pavimento que, pese a verse afectada por la depresión económica de la década de 1930, sobrevivió a la crisis. Mario José Bergoglio era contador y encontró empleo en el ferrocarril.

En 1934, Mario conoció a Regina María Sivori, con quien contrajo matrimonio el 12 de diciembre del año siguiente. Jorge, el primero de sus cinco hijos, nacería el 17 de diciembre de 1936. Jorge tenía apenas trece meses cuando su madre dio a luz a su hermano Alberto Horacio. Los abuelos Rosa y Giovanni se ofrecieron entonces para cuidar a los niños. Jorge recordaría después con cariño cómo fue a través de ellos que se inició en la fe y aprendió italiano.

La familia se completó con el nacimiento de tres hijos más: Oscar Adrián, Marta Regina y María Elena. La crianza de los niños fue la típica de los inmigrantes de aquella época, y estudiaron en el Colegio de Nuestra Señora de la Misericordia, en el barrio de Flores, donde vivían.

Los Bergoglio mantuvieron gran parte de su herencia italiana a través del idioma, la fe y las tradiciones. Junto con otras familias italianas, asistían regularmente a las celebraciones religiosas; y, con su padre, el joven Jorge se unió al equipo de futbol de la parroquia de San Lorenzo. Cada fin de semana, padre e hijos iban a ver partidos de futbol y baloncesto. Fue entonces cuando comenzó la gran pasión de Jorge por el deporte.

LA VOCACIÓN DE BERGOGLIO

A los 17 años, Jorge sintió la vocación del sacerdocio, pero decidió continuar primero su educación. Se diplomó en Química y trabajó como técnico durante unos años antes de entrar en el Seminario Diocesano de Buenos Aires, en Villa Devoto. Durante sus estudios, se vio afectado por una neumonía y tuvo que someterse a una operación para eliminar tres quistes del pulmón.

⋀ CAMPANAS DE BODA
Mario José Bergoglio y Regina María Sivori el día de su boda, el 12 de diciembre de 1935. La pareja se casó tras un año de noviazgo.

Tras tres años en el seminario decidió hacerse jesuita, y el 1 de marzo de 1958 ingresó en la Compañía de Jesús. Le interesaban las culturas orientales y quería irse a Japón como misionero, pero sus planes se vieron truncados ya que sus superiores consideraron que su operación de pulmón lo había dejado demasiado delicado para aquel viaje.

La Compañía de Jesús, fundada por San Ignacio de Loyola en el siglo XI, puso siempre el acento en la educación de los jóvenes y el desarrollo de una vida moral estricta. A lo largo de los siglos se ha convertido en una de las órdenes religiosas más importantes de la Iglesia católica. La formación de los jesuitas comprende un periodo de entre ocho y catorce años.

Jorge y sus compañeros dedicaron su noviciado al estudio de la espiritualidad en la ciudad de Córdoba. En 1959, un año después de entrar en la orden, Jorge sufrió la primera pérdida importante de su vida: la muerte de su abuelo Giovanni a causa de un infarto.

El 12 de marzo de 1960 Jorge hizo sus votos de pobreza, castidad y obediencia; regresó a Buenos Aires en 1963 para licenciarse en Filosofía en el Colegio Máximo de San José, en San Miguel. Entre 1964 y 1965 enseñó literatura y psicología en un colegio de educación secundaria de los jesuitas –había desarrollado un gran interés por la literatura latinoamericana–, y entre 1967 y 1970 estudió Teología, materia en la que se licenció también en el Colegio de San José.

ORDENACIÓN

Jorge Bergoglio se ordenó sacerdote el 13 de diciembre de 1969, cuatro días antes de cumplir 34 años. Unas semanas más tarde se dirigió a Madrid, donde completó la última etapa de su formación espiritual: la tercera probación. Se trata de un periodo de uno o dos años de estricta disciplina antes de hacer los votos finales. Su estancia en España fue el primer viaje de Bergoglio a Europa.

En aquel momento, la Iglesia católica rebosaba entusiasmo tras el Concilio Vaticano Segundo, celebrado entre 1962 y 1965, que abordó temas de actualidad para los católicos y para toda la humanidad. El encuentro, convocado

LOS PRIMEROS AÑOS
EL VIAJE DE BERGOGLIO DESDE BUENOS AIRES HASTA ROMA

por el papa Juan XXIII (1958-1963), había alimentado la esperanza de unidad entre las principales iglesias cristianas y de mejora de las relaciones con el judaísmo y otras religiones. Pronto, sin embargo, las divisiones entre los mismos católicos ralentizaron el ritmo de los cambios.

En 1972 el padre Bergoglio regresó a Argentina, donde se hizo cargo del noviciado, o centro de formación, de los jóvenes jesuitas, donde él mismo se había formado. Era estricto, pero también muy querido por su sentido del humor y su disposición a compartir con los estudiantes tareas como la lavandería o la cocina. Al año siguiente, el 22 de abril de 1973, el padre Bergoglio hizo su «profesión perpetua» y se convirtió en miembro de pleno derecho de la orden.

PROVINCIAL DE LOS JESUITAS

Apenas tres meses después, el joven jesuita recibió una promoción inesperada cuando, el 13 de julio de 1973, el padre Pedro Arrupe, general de los jesuitas, lo nombró provincial de la Compañía de Jesús en Argentina. Bergoglio pasó a ser responsable de la provincia argentina, que consistía en quince casas, 166 sacerdotes, 32 hermanos religiosos y 20 estudiantes. Se convirtió también en el enlace entre los jesuitas argentinos y su sede en Roma, posición en la que se mantuvo durante seis años, hasta 1979.

Bergoglio viajó extensivamente para conocer a los jesuitas de la provincia, pero no le resultó una experiencia del todo positiva, pues observó una profunda división en el seno de los jesuitas —como en otras órdenes religiosas— tras el Concilio Vaticano Segundo. Algunos estaban a favor de modernizar aspectos de la Iglesia, mientras que otros preferían mantener el statu quo. El propio Bergoglio estaba en el lado conservador. A pesar de que era miembro de la orden desde hacía ya catorce años, algunos recelaban de su juventud y de su enfoque de los problemas. El 1 de agosto de 1974, su abuela Rosa murió a la edad de noventa años. Fue una pérdida muy sentida. Su abuelo Giovanni había fallecido años antes, por lo que las dos figuras clave de su infancia habían desaparecido.

CRISIS Y CONFLICTO

Mientras que los tres primeros años de la administración de Bergoglio habían estado marcados por tensiones dentro de la orden, el resto de su mandato coincidió con un periodo brutal de agitación política y social en Argentina. En 1976, la presidenta Isabel Perón fue derrocada en un golpe militar y la Junta Militar del general Jorge Videla tomó el poder.

La Junta ejecutó a activistas y opositores políticos de la dictadura militar (se estima que entre 13 000 y 30 000), muchos de los cuales fueron simplemente

˄ EL JOVEN JORGE
Esta fotografía, aunque no fechada, muestra al joven Jorge Mario Bergoglio con unos once años de edad, cuando era alumno de la escuela Don Bosco.

El padre Bergoglio ofreció también sus servicios en la vecina parroquia de San José, en el distrito de San Miguel. Oficiaba la misa, confesaba y enseñaba el catecismo a los niños de la localidad. Ya no estaba involucrado en la administración de la orden, lo que le resultaba un alivio después de los años violentos y traumáticos de la dictadura militar de Videla, que finalmente terminó en 1983.

En 1986, concluyó su mandato como rector en la universidad y viajó a Fráncfort, en Alemania, para prepararse para un doctorado en Teología. Sin terminar esos estudios regresó a Argentina, donde fue nombrado profesor en el Colegio del Salvador de Buenos Aires, y más tarde director espiritual y confesor en la iglesia de los jesuitas en la ciudad de Córdoba.

OBISPO DE BUENOS AIRES

El arzobispo de Buenos Aires, el cardenal Quarracino, necesitaba un obispo auxiliar que le ayudara en la administración de la diócesis, que contaba con unos dos millones y medio de católicos, y lo expuso al nuncio papal, monseñor Calabresi. El 13 de mayo de 1992 Bergoglio coincidió con el nuncio en un aeropuerto, de forma aparentemente casual, e intercambiaron algunas palabras. Al anunciarse su vuelo, el nuncio se despidió: «Una última cosa –le dijo– usted ha sido nombrado obispo auxiliar de Buenos Aires y el nombramiento se dará a conocer el día 20...».

El jesuita, aturdido, no entendía por qué tanto misterio para encomendarle el liderazgo de la capital argentina, pero el cardenal Quarracino había oído hablar de las cualidades del padre Bergoglio y consideraba que, como porteño,

«desaparecidos», en lo que se conoce como guerra sucia en Argentina. El régimen trajo la discordia también a la Iglesia. Mientras que muchos sacerdotes y religiosas se aliaron abiertamente con los disidentes, otros apoyaron de manera tácita a los nuevos gobernantes. Los sacerdotes que secundaron a rebeldes –o incluso los que trataron de mejorar las condiciones sociales– se convirtieron en víctimas de la represión, y varios de ellos fueron asesinados por el régimen.

El padre Bergoglio se encontró entre un fuego político cruzado. Pidió a sus compañeros jesuitas ser prudentes y no involucrarse en la resistencia política, pero él mismo ayudó a muchos a escapar de las purgas de la Junta. Cuando detuvieron a dos de sus antiguos profesores, negoció entre bambalinas su liberación, intercediendo personalmente por ellos ante el general Videla. El papa Juan Pablo II instó finalmente a los obispos y sacerdotes a evitar la confrontación política, advirtiéndoles de que los actos revolucionarios podrían conducir a un conflicto cruento.

VUELTA A LA ENSEÑANZA

Cuando su mandato como provincial terminó en 1980, el padre Bergoglio fue nombrado rector en el Colegio Máximo de San José, donde él mismo había estudiado. El destino quiso que el 8 de enero del año siguiente su madre, Regina María, muriera de un ataque cardiaco en su casa de Buenos Aires. Jorge Bergoglio pasó a dirigir su familia de tres hermanos y dos hermanas.

era una buena opción para la capital. En consecuencia, el 27 de junio de ese mismo año, Bergoglio fue ordenado obispo en la Catedral de Buenos Aires, y asignado a una de las cinco áreas episcopales de la capital.

El obispo Bergoglio realizó cambios de inmediato. En lugar de residir en el confortable ambiente de la diócesis, se alojó con sus compañeros jesuitas, y prefirió caminar por las calles y tomar el autobús o el metro para desplazarse en lugar de hacerlo en coche. Y así se convirtió pronto en una figura muy familiar para los habitantes de la ciudad.

Su estilo a la hora de tomar decisiones era también diferente al de sus predecesores, y si bien la decisión final fue siempre suya, escuchaba la opinión de la gente y de sus consejeros.

Y VISITANDO LA PROVINCIA
El padre Jorge Bergoglio concelebra una
misa con otro sacerdote durante su etapa
como provincial de los jesuitas en
Argentina.

Los sacerdotes pudieron percibir el cambio muy pronto. El nuevo obispo los llamaba a menudo por teléfono para preguntarles si podía pasar por su parroquia, e insistía en que no alteraran sus planes. Para él era prioritario visitar los barrios pobres. En la periferia de Buenos Aires había barrios marginales (llamados «villas miseria») que albergaban casi tres cuartos de millón de personas en viviendas construidas con bloques de hormigón, hierro corrugado y cartón. Los sistemas de alcantarillado y saneamiento eran casi inexistentes.

A Bergoglio le gustaba participar en algunas de las muchas festividades religiosas de estos barrios. Pedía a todos que se dirigieran a él como padre Jorge, y no como obispo. Cuando regresaba de esas visitas, el nuevo obispo a menudo pedía a personas de los barrios más ricos que compartieran sus recursos. Estas solicitudes no siempre eran recibidas con entusiasmo.

Al acercarse a su jubilación, el cardenal Quarracino se preguntaba quién podría reemplazarlo. El cardenal apreciaba mucho al jesuita por cómo le había asistido durante aquellos cinco años, y confiaba en su consejo. En una visita a Roma, propuso al papa Juan Pablo II que nombrara al obispo Bergoglio como su sucesor; así, el 3 de junio de 1997 Bergoglio fue designado obispo coadjutor, lo que implicaba el derecho a sucesión automática.

ARZOBISPO BERGOGLIO

El 28 de febrero del año siguiente, el arzobispo Quarracino murió de un ataque al corazón y Bergoglio se convirtió en el nuevo arzobispo de Buenos Aires. Cuando viajó a Roma para recibir el palio del papa Juan Pablo II, siempre austero, disuadió a la mayor parte de familiares y amigos de emprender el largo y costoso viaje a la Ciudad Eterna.

La austeridad de Bergoglio iba a seguir siendo un sello distintivo también en su etapa como arzobispo. Aunque podría haber vivido en la espléndida residencia episcopal, prefirió instalarse en un pequeño apartamento de un dormitorio. Raramente comía fuera, y prefería hacer él mismo la compra y cocinar. Siguió yendo a pie o en transporte público a todas partes, y mantuvo sus costumbres de siempre: se levantaba a las cinco de la mañana para rezar y estudiar; entre las siete y las ocho hablaba por teléfono con sus sacerdotes. Tenía el día repleto de citas, y él mismo gestionaba su propia agenda, con su gastado diario negro, que llevaba siempre en el bolsillo, lleno de apuntes en su diminuta letra.

Poco después de su nombramiento estalló un escándalo por unos fondos que habían desaparecido de las cuentas diocesanas, y puso en marcha una investigación, insistiendo en la necesidad de transparencia financiera.

El nuevo arzobispo, además, animaba a los sacerdotes a trabajar en las zonas más pobres de la diócesis, a veces contra sus deseos. Bajo su liderazgo, el número de curas destinados a las zonas más depauperadas se duplicó, y se consiguió un notable éxito en la mejora de las condiciones de vida. Sentía simpatía y admiración por los sacerdotes que trabajaban en situaciones difíciles y los apoyaba en lo posible.

Algunos de los jóvenes sacerdotes que el arzobispo Bergoglio destinaba a los barrios marginales eran inexpertos y poco efectivos, pero era estricto con ellos y les pedía sus mejores esfuerzos. Ridiculizaba la pomposidad de algunos sacerdotes y la indolencia de otros comparándolos con el pavo real. «Con frecuencia digo: "Mirad a un pavo real, si lo miras de frente es muy bonito. Pero da algunos pasos hacia atrás y míralo desde atrás, te das cuenta de la realidad".»

Visitaba a menudo sin anunciarse los barrios marginales para celebrar misa, y solía quedarse después con la gente, compartiendo una humilde comida. Allí pudo escuchar impactantes relatos de drogas, prostitución, extorsión y exclusión social, y de enfermedades causadas por la falta de condiciones higiénicas.

El arzobispo no se limitaba a ocuparse de los católicos de Buenos Aires, sino que tendió la mano a los miembros de otras religiones, en particular a los de las comunidades judía e islámica. Se hizo también buen amigo del rabino Abraham Skorka, con quien tuvo un programa semanal de televisión y colaboró en un libro de conversaciones.

CARDENAL BERGOGLIO

El 21 de febrero de 2001, el papa Juan Pablo II lo nombró cardenal durante un consistorio (reunión del Colegio Cardenalicio) celebrado en el Vaticano. En esta ocasión, Bergoglio viajó a Roma con un pequeño grupo de familiares. Tras la ceremonia, él y su hermana María Elena fueron a Turín y Portacomaro para conocer el lugar del que sus abuelos habían emigrado siete décadas atrás. En su visita a la casa en la que su padre había vivido antes de partir para el Nuevo Mundo en 1929, Bergoglio llenó con tierra del huerto una pequeña bolsa como recuerdo.

RELATOR DEL SÍNODO

Era 2001 y se hacían los últimos preparativos para el Sínodo de Obispos en el Vaticano –que tiene lugar cada dos o tres años y reúne a parte de los obispos para discutir asuntos de actualidad– cuando tuvieron lugar los ataques del 9/11. El cardenal Edward Egan, arzobispo de Nueva York, era el relator, o secretario principal, del Sínodo. Egan insistió en permanecer en su diócesis tras los atentados y pidió al papa Juan Pablo II que nombrara a un sustituto. El Papa eligió al cardenal Bergoglio para liderar el Sínodo.

Un total de 252 obispos de 118 países se reunieron en el Vaticano junto a asesores y expertos a principios de octubre. El cardenal Bergoglio supervisó la sesión de tres semanas con discreta eficiencia. No tenía apenas experiencia en reuniones internacionales de este tipo, pero se mostró efectivo y llevó adelante el Sínodo con éxito, ante la mirada atenta de numerosos cardenales en el Vaticano y de los obispos de todo el mundo. A su vez, Bergoglio amplió su comprensión de la Iglesia en su conjunto.

EL BIEN COMÚN

Ya de vuelta a casa, Argentina se encontraba en una dramática condición de colapso económico. La situación financiera causaba inestabilidad política, y la elección de Néstor Kirchner como presidente en mayo de 2003 no logró frenar el declive. El cardenal Bergoglio se convirtió en un gran crítico del régimen, y más tarde también del mandato de la esposa de Kirchner, quien lo sucedió como presidenta en 2007. En sus homilías y discursos públicos, instaba a los políticos a trabajar por el bien común en lugar de abusar de los pobres y los marginados. En 2006, se opuso a la legalización del aborto en Argentina, situándose de nuevo en la oposición al gobierno de Kirchner.

CÓNCLAVE Y UN NUEVO PAPA

A la muerte de Juan Pablo II el 2 de abril de 2005, los cardenales se reunieron en el Vaticano para elegir a su sucesor. Cuatro millones de personas asistieron al funeral, en una de las mayores reuniones cristianas de la historia. El cónclave para elegir al nuevo Papa comenzó dos semanas después en la Capilla Sixtina.

Ciento quince cardenales valoraban cuál sería el candidato más adecuado para suceder al carismático, aunque controvertido, pontífice polaco. Dos nombres surgieron pronto: Jorge Bergoglio y Joseph Ratzinger. En el segundo día de votación, el cardenal Ratzinger obtuvo más de los 77 votos necesarios para la elección, y adoptó el nombre de Benedicto XVI. Ponerse en el lugar del papa Juan Pablo II, cuyo pontificado duró casi 27 años, era un desafío enorme. Mientras que el papa Juan Pablo era abierto y expresivo, el papa Benedicto fue siempre más bien reservado. El cardenal Bergoglio nunca habló sobre el cónclave, pero regresó a Buenos Aires claramente aliviado por no haber sido el elegido, y continuó con su rutina diaria de reuniones y administración, y con sus frecuentes visitas a enfermos o necesitados en los barrios pobres, prisiones y hospitales.

RENUNCIA Y RETIRO

En 2011, el cardenal Bergoglio concluía un mandato de seis años como presidente de la Conferencia del Episcopado Latinoamericano y del Caribe, que reúne a 432 millones de católicos, casi tres cuartas partes de la población. Como líder de los obispos de la región, había obtenido un valioso conocimiento sobre las necesidades y las fortalezas del catolicismo en los distintos países.

Continuó fomentando el acercamiento entre la Iglesia católica, los cristianos evangélicos y otros grupos religiosos. Asistía de manera regular a ceremonias religiosas no católicas —en sinagogas y mezquitas— e invitaba a la catedral a líderes religiosos para que se unieran a él en su oración por la paz en Oriente Medio.

Poco antes de su cumpleaños 75, en diciembre de 2011, como marca el derecho canónico, presentó su renuncia como arzobispo de Buenos Aires ante el papa Benedicto XVI. Preparó sus libros y pertenencias personales y se dispuso a entrar en una casa de retiro para sacerdotes en el barrio de Flores, donde había nacido, lo que debía ocurrir en uno o dos años, una vez aceptada su renuncia. Difícilmente podría haber imaginado lo que le depararía el destino quien, preguntado por cómo le gustaría que le recordasen, manifestó: «Que digan: "Éste era un buen tipo que trató de hacer el bien". No tengo otra pretensión».

UNA CITA PAPAL

El 11 de febrero de 2013, el papa Benedicto XVI anunció ante un grupo de cardenales su intención de renunciar por motivos de salud y edad, pues no se sentía ya en condiciones físicas de continuar. La renuncia se haría efectiva a partir de las ocho de la noche del día 28 de ese mismo mes.

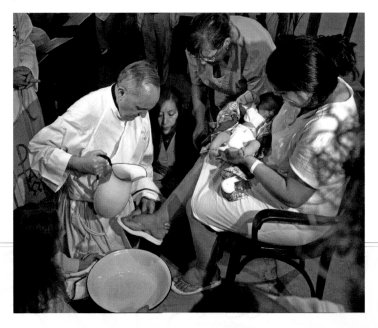

> BENEDICTO CON BERGOGLIO
Benedicto XVI se reúne en el Vaticano con su futuro sucesor, el cardenal arzobispo de Buenos Aires, Jorge Bergoglio, tras su elección como Papa.

Los cardenales estaban sorprendidos y perplejos: ningún Papa había renunciado voluntariamente desde 1415. Todos los cardenales del mundo se reunieron en Roma al mes siguiente. Según la norma dictada por el papa Pablo VI (1963-1978), sólo los menores de 80 años podrían votar para la elección del nuevo Papa. El 12 de marzo, 115 electores entraron en la Capilla Sixtina donde, jurando sobre el Libro de los Evangelios, cada cardenal se comprometió ante Dios a elegir al candidato más adecuado.

La primera votación no fue concluyente y los cardenales volvieron a la Casa Santa Marta, junto a la Basílica de San Pedro. A la mañana siguiente tuvieron lugar dos votaciones. El cardenal argentino era claramente el principal candidato. En la segunda votación de la tarde, Jorge Mario Bergoglio superó los 77 votos requeridos para la mayoría de dos tercios y fue elegido obispo de Roma. Siguiendo la tradición, adoptó un nuevo nombre: Francisco.

En la sala que se encuentra tras el celebrado *Juicio Final* de Miguel Ángel, el nuevo pontífice se vistió de blanco. Al serle ofrecida la cruz pectoral de piedras preciosas, dijo que prefería mantener su vieja cruz metálica. Igualmente, al ofrecérsele un par de zapatos de color carmesí, prefirió seguir con sus viejos zapatos negros, pues dijo que eran cómodos y le servirían bien.

Las miles de personas de la plaza de San Pedro estaban ansiosas por conocer al nuevo Papa. Pasados cuatro minutos de las siete, la fumata blanca salió de la chimenea de la Capilla Sixtina y las campanas de la basílica comenzaron a tocar. Se había elegido al Papa; los cardenales habían cumplido con su deber. El sentimiento de liberación y la emoción eran electrizantes. La multitud gritaba de alegría.

Una hora más tarde, el papa Francisco salió al balcón de la Basílica de San Pedro. Su primer saludo, un simple *buonasera* (buenas tardes) conquistó los corazones. Explicó que los cardenales habían ido hasta los confines de la Tierra para encontrar al sucesor; saludó a su predecesor, el papa Benedicto XVI, y pidió a la multitud congregada que rezara por él, para ofrecerles entonces su propia bendición. En una entrevista posterior, diría sobre su gesto: «Yo necesito que me sostenga la oración del pueblo. Es una necesidad interior, tengo que estar sostenido por la oración del pueblo».

DESAFÍOS Y CAMBIO

Desde sus primeras apariciones, la humildad del papa Francisco ha conectado con la gente, que lo ha acogido con cariño. Prefirió instalarse en la Casa Santa Marta en lugar de utilizar los suntuosos apartamentos papales del Palacio Apostólico que fueran utilizados por sus predecesores. Justificó la decisión como la preferencia natural a vivir cerca de otras personas, en su compañía, y no como un monarca aislado en su palacio.

El reto al que se enfrentaba Francisco era enorme. La repentina renuncia del papa Benedicto había causado confusión y una profunda crisis, por lo que era esencial que el nuevo Papa ofreciera una orientación clara. Antes del cónclave, los cardenales habían discutido los diversos problemas a los que se enfrentaba la Iglesia. Los escándalos habían sido numerosos; el más grave de todos, el abuso de menores por parte del clero, encubierto por sus superiores. Irregularidades financieras y corrupción en las finanzas de la Santa Sede eran también moneda corriente. Era necesario un nuevo enfoque.

< CARDENALES LATINOAMERICANOS
El cardenal Bergoglio de Buenos Aires y el cardenal Juan Luis Cipriani Thorne de Perú celebran misa en San Pedro en la época de la elección del papa Benedicto.

Un mes después de su elección, Francisco creó una comisión de cardenales de los cinco continentes como su consejo informal. La primera tarea de la comisión fue la de supervisar la reforma de la Curia Romana (el órgano de administración de la Santa Sede). Se llamó entonces a expertos para reformar las instituciones financieras de la Santa Sede y garantizar una mayor transparencia.

Como antes de su elección, la prioridad del papa Francisco fueron los pobres y los marginados. Fue éste el motivo por el que eligió la isla de Lampedusa, frente a la costa sur de Italia, para su primera visita fuera de Roma. Durante años, los inmigrantes africanos habían viajado a la pequeña isla con la esperanza de emigrar a Europa para comenzar una nueva vida, muriendo muchos de ellos en el mar. Francisco quiso mostrarles su preocupación visitando Lampedusa. Pero también estaba siendo astuto: sabía que los medios de comunicación seguían todos sus movimientos, y que un viaje a Lampedusa pondría la atención internacional en las circunstancias de los inmigrantes.

La amable informalidad del nuevo Papa es muy bien recibida. Se puede ver su tono relajado en la audiencia general que se celebra cada miércoles por la mañana; suele invitar a unos pocos a subirse con él en el jeep que lo conduce a través de la plaza de San Pedro y saluda personalmente a los enfermos. Cada mañana, invita a algunas personas a acompañarlo en la misa que da en Santa Marta, en la que pronuncia homilías improvisadas llenas de anécdotas.

La accesibilidad del papa Francisco no tiene precedentes. Está encantado de que lo entrevisten los periodistas y aparecer en la televisión. Bien pronto, la gente comienza a leer y escuchar las palabras reales del Papa, en lugar de la interpretación que un periodista pudiera hacer de ellas; pero no todo el mundo aprecia ese estilo campechano. Francisco es impredecible: un Papa que se mezcla con las multitudes, bautiza a los hijos de padres no casados y se niega a condenar a los homosexuales confunde a muchos católicos.

Por su apertura, su humildad, su preocupación por los marginados y su compromiso con el cambio a través del diálogo, el papa Francisco ha captado sin duda la atención del público. A muchos, tanto católicos como no católicos, les gustaría saber más acerca de él. Es algo de lo que el Papa es bien consciente: «Veo con claridad que lo que la Iglesia necesita hoy con mayor urgencia es una capacidad de curar heridas y dar calor a los corazones de los fieles; cercanía, proximidad».

Este libro tiene como objetivo ofrecer a los lectores una mejor visión de la vida del papa Francisco, siguiéndolo en un fascinante viaje a través de la cámara de los fotógrafos que le acompañan cada día, y que nos brindan una visión de su vida entre bambalinas.

> **DÍA DE INAUGURACIÓN**
El papa Francisco sostiene las Escrituras en la misa de inauguración en la plaza de San Pedro el 18 de marzo de 2013. La misa es seguida por miles de personas.

Y LA BASÍLICA DE SAN PEDRO
Con la majestuosa cúpula de Miguel Ángel,
la basílica se eleva sobre la plaza y la columnata
de Bernini, mientras que a la derecha se
encuentra el Palacio Apostólico del siglo XVI.

UN NUEVO PAPA

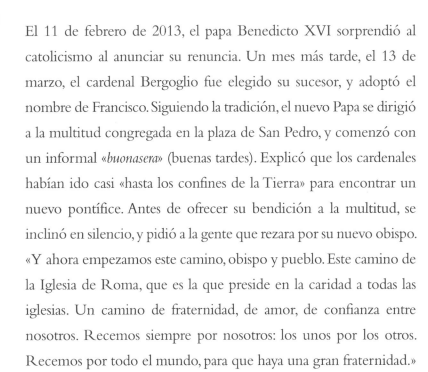

✠ LA ELECCIÓN PAPAL

El 11 de febrero de 2013, el papa Benedicto XVI sorprendió al catolicismo al anunciar su renuncia. Un mes más tarde, el 13 de marzo, el cardenal Bergoglio fue elegido su sucesor, y adoptó el nombre de Francisco. Siguiendo la tradición, el nuevo Papa se dirigió a la multitud congregada en la plaza de San Pedro, y comenzó con un informal «*buonasera*» (buenas tardes). Explicó que los cardenales habían ido casi «hasta los confines de la Tierra» para encontrar un nuevo pontífice. Antes de ofrecer su bendición a la multitud, se inclinó en silencio, y pidió a la gente que rezara por su nuevo obispo. «Y ahora empezamos este camino, obispo y pueblo. Este camino de la Iglesia de Roma, que es la que preside en la caridad a todas las iglesias. Un camino de fraternidad, de amor, de confianza entre nosotros. Recemos siempre por nosotros: los unos por los otros. Recemos por todo el mundo, para que haya una gran fraternidad.»

> ENTRADA PAPAL

El papa Benedicto entra en la Sala del Consistorio del Palacio Apostólico. Casi ninguno de sus cardenales esperaba el sorprendente anuncio.

En la mañana del 11 de febrero, durante una reunión con un grupo de cardenales en el Palacio Apostólico, Benedicto XVI anunció su intención de renunciar. Iba a dejar el papado el último día del mes. «Tras un cuidadoso examen de conciencia ante Dios –dijo el Papa– he llegado al convencimiento de que mis fuerzas, a causa de mi avanzada edad, no son ya las adecuadas para el ejercicio del ministerio petrino.» Ningún pontífice había renunciado desde el papa Gregorio XII, en 1415, y en aquella ocasión no fue por razones personales, sino a consecuencia de la división histórica de la Iglesia católica: el Gran Cisma de Occidente.

Tras darles su bendición, el Papa abandonó la sala. Los cardenales, desconcertados, respetaban la honradez y la integridad del papa Benedicto XVI al renunciar a un cargo que ya no se sentía capaz de cumplir, pero debían enfrentarse ahora a las consecuencias prácticas de aquella decisión. Lo primero fue anunciar la decisión a los medios de comunicación. El mundo reaccionó con asombro. Fue una sorpresa enorme incluso para los contrarios a Benedicto XVI.

Al parecer, el Papa había comenzado a pensar en la renuncia tras una caída en una visita papal a México el mes de marzo anterior. Ahora estaba a mitad de sus 80, en un papel que era, en el siglo XXI, similar al de director de una empresa multinacional. El Papa consideró que ya no era física ni mentalmente capaz de satisfacer las exigencias del papado moderno.

Cuando fue elegido Papa, Benedicto —entonces el cardenal Joseph Ratzinger— había pasado ya 23 años en la Curia Romana, a cargo de la oficina teológica de la Santa Sede. Fue elegido con 78 años por sus compañeros cardenales, quienes lo valoraban como teólogo y querían evitar otro pontificado largo. El papa Benedicto XVI era un teólogo respetado y un autor prolífico, pero tenía una naturaleza tímida y reservada, y carecía del carisma de su predecesor polaco, Juan Pablo II.

Pese a ello, el papa Benedicto había logrado mucho durante sus ocho años de pontificado. El pontífice alemán había abordado el escándalo del abuso de menores por parte de sacerdotes, que había sido encubierto por obispos y superiores religiosos, y trató de ayudar a las víctimas. A pesar de su edad, el papa Benedicto XVI realizó también una serie de viajes que lo llevaron a 24 países durante su papado.

⌃ SOLEMNE BENDICIÓN PAPAL

Con la emoción visible en su rostro, el papa Benedicto bendice a los cardenales reunidos. Los presentes recuerdan el intenso silencio posterior.

⌃ DESPEDIDA TRANQUILA

Consciente del enorme impacto de su anuncio, el Papa deja a los cardenales con la responsabilidad de decidir el futuro.

LA RENUNCIA DE BENEDICTO

UN ANUNCIO INESPERADO QUE CONMOCIONA AL MUNDO

⋎ **LOS CARDENALES PREGUNTAN**
El cardenal Sodano, decano del Colegio
Cardenalicio, había sido informado el
día anterior por el papa Benedicto. Sus
compañeros le piden detalles.

⋏ **EXPRESIÓN DE GRATITUD**
El cardenal Angelo Sodano, el de mayor
edad, transmite al Papa en nombre de
los cardenales unas palabras de gratitud
por su pontificado.

⋖ **DISCURSO INESPERADO**
El papa Benedicto reza con los cardenales
antes de pronunciar su discurso de
renuncia, decisión que ha adoptado tras
un largo tiempo de plegaria y reflexión.

CARDENALES SORPRENDIDOS
Los cardenales se reúnen en pequeños
grupos para comprobar si han entendido
bien las palabras del papa Benedicto,
que ha leído su mensaje en latín.

LOS CARDENALES QUE SE ENCONTRABAN EN SUS DIÓCESIS EN TODO EL MUNDO Y NO ESTABAN PRESENTES CUANDO EL PAPA BENEDICTO ANUNCIÓ SU RETIRADA SE REÚNEN EN ROMA. TRAS UNA EMOTIVA DESPEDIDA EN LA MAÑANA DEL 28 DE FEBRERO, EL PAPA DEJA EL VATICANO EN HELICÓPTERO PARA DIRIGIRSE A LA RESIDENCIA DE CAMPO DE CASTEL GANDOLFO, EN LAS COLINAS ALBANAS, CERCA DE ROMA, DONDE ESTARÁ HASTA LA ELECCIÓN DE SU SUCESOR, TRAS LO QUE SE RETIRARÁ A UNA VIDA DE PLEGARIA Y CONTEMPLACIÓN.

LA DESPEDIDA

EMOTIVO ADIÓS A LOS CARDENALES Y A LA GENTE

⋀ OBEDIENCIA Y REVERENCIA
En su despedida de los cardenales en la mañana de su renuncia formal, el papa Benedicto promete «reverencia y obediencia incondicionales» a su sucesor.

‹ PALABRAS DE CLAUSURA
«Que el Colegio Cardenalicio sea como una orquesta donde la diversidad [...] lleve siempre a la superior concordia la armonía.»

∨ MARCHA DEL VATICANO
A las 17.30 h, Benedicto XVI deja el Vaticano por última vez como Papa en helicóptero rumbo a Castel Gandolfo.

∧ CINTA Y LACRE

Los tiradores de la puerta se atan con una cinta lacrada para clausurar el acceso.

∧ APRECIO

Los cardenales aplauden al Papa en muestra de aprecio antes de ofrecerle personalmente unas palabras de despedida.

› DEPENDENCIAS SELLADAS

Tarcisio Bertone, camarlengo de la Iglesia, sella las dependencias papales del Palacio Apostólico. Estarán cerradas hasta que se elija un nuevo Papa.

ꓦ ÚLTIMA ALOCUCIÓN
Al llegar a la residencia de campo de
Castel Gandolfo, el papa Benedicto
se dirige por última vez a la multitud
desde un balcón.

ꓥ BUENOS DESEOS
La plaza en la que se encuentra la
residencia papal hierve de buenos deseos.
Un cartel de letras plateadas reza: «Gracias
Benedicto, estamos todos contigo».

«Desde las ocho de esta tarde no seré más que un simple peregrino que inicia la última etapa de su peregrinaje en la tierra», dice Benedicto a la multitud.

A las ocho en punto de la tarde, la Guardia Suiza cierra la puerta de la residencia papal, marcando el final del pontificado de Benedicto XVI.

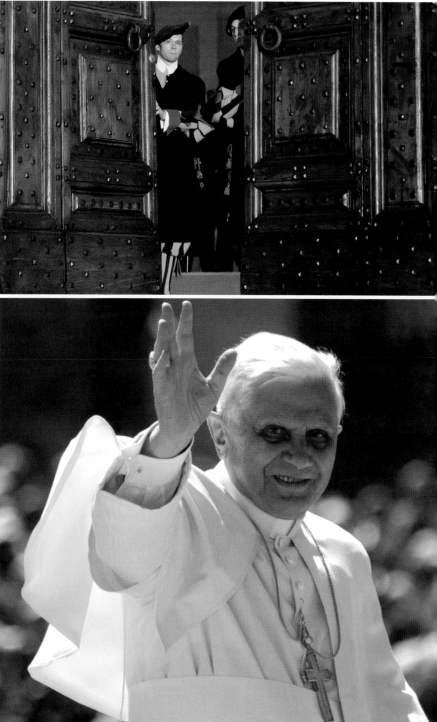

∧ SE RETIRA EL ESCUDO PAPAL

Una vez el Papa da su última bendición y se retira a su residencia, la enseña con el escudo del papa Benedicto se recoge por última vez.

∧ SALUDO DE DESPEDIDA

La renuncia de Benedicto por motivos de edad significa la transformación del papado moderno, como lo fuera la acción de su predecesor, Juan Pablo II.

> MISA *PRO ELIGENDO*
La mañana del 12 de marzo, el día de inicio del cónclave, cardenales y fieles se reúnen en la Basílica de San Pedro para celebrar misa.

En los días siguientes, unos 200 cardenales se preparan para elegir un nuevo Papa. Podrán votar en el cónclave los 120 cardenales menores de 80 años. En teoría, cualquier varón bautizado podría ser elegido Papa, pero en realidad es siempre un sacerdote, invariablemente miembro del Colegio Cardenalicio.

En la mañana del 12 de marzo de 2013, los cardenales celebran misa con los fieles en la Basílica de San Pedro. Esa tarde, los 115 cardenales electores, cinco menos que el número máximo, se reúnen en la Capilla Sixtina. Una vez hecho el juramento de votar en conciencia por el mejor candidato, da comienzo el cónclave. Exactamente 24 horas más tarde, Jorge Mario Bergoglio es elegido, y adopta el nombre de Francisco. Desde el siglo VI, es tradición que los papas adopten un nuevo nombre al ser elegidos, pero nunca en dos mil años se había adoptado el de Francisco.

Después de dedicar un rato a la oración, el papa Francisco se dirige a las personas congregadas en la plaza de San Pedro. Tras un informal «*buonasera*» (buenas tardes), el nuevo Papa continúa: «Sabéis que el deber del cónclave era dar un obispo a Roma. Parece que mis hermanos cardenales han ido a buscarlo casi al fin del mundo…, pero aquí estamos. Os agradezco la acogida. La comunidad diocesana de Roma tiene a su obispo. Gracias. Y ante todo, quisiera rezar por nuestro obispo emérito, Benedicto XVI. Oremos todos juntos por él, para que el Señor lo bendiga y la Virgen lo proteja».

Luego de unos instantes de silencio, sigue: «Y ahora comenzamos este camino: obispo y pueblo. Este camino de la Iglesia de Roma, que es la que preside en la caridad a todas las Iglesias. Un camino de fraternidad, de amor, de confianza entre nosotros. Recemos siempre por nosotros: el uno por el otro. Recemos por todo el mundo, para que haya una gran fraternidad. Deseo que este camino de la Iglesia, que hoy comenzamos y en el cual me ayudará mi cardenal vicario, aquí presente, sea fructífero para la evangelización de esta ciudad tan hermosa.

»Y ahora quisiera dar la bendición, pero antes, antes, os pido un favor: antes que el obispo bendiga al pueblo, os pido que vosotros recéis para que el Señor me bendiga: la oración del pueblo, pidiendo la bendición para su obispo. Hagamos en silencio esta oración de vosotros por mí…». El nuevo Papa concluye dando la bendición apostólica en latín.

ᴧ PROCESIÓN DE CARDENALES
Todos los cardenales, incluso los cardenales electores, se dirigen al Altar Mayor antes de que comience la misa *pro eligendo*.

> UNO DE TANTOS
Jorge Mario Bergoglio se quita la mitra, sin saber que 24 horas más tarde será elegido Papa.

LA ELECCIÓN PAPAL

EL CÓNCLAVE CARDENALICIO ELIGE UN NUEVO PAPA

◤ CONCELEBRACIÓN
Los cardenales concelebran la misa
con el cardenal Angelo Sodano,
decano del Colegio Cardenalicio.

◄ ÚLTIMA MISA
COMO CARDENAL
Es ésta la última misa del cardenal
Jorge Bergoglio (derecha) antes de
entrar en el cónclave del que saldrá
como Papa.

▲ **MISSA PRO ELIGENDO SUMMO PONTIFICE**
Los cardenales se reúnen alrededor del Altar Mayor de
la Basílica de San Pedro para la *Missa pro Eligendo
Summo Pontifice*, la misa para la elección del Papa.

JUSTO TRAS LA MISA POR LA ELECCIÓN DEL PAPA DA COMIENZO EL CÓNCLAVE, CON UNA PRIMERA

✝ VOTACIÓN DE LOS CARDENALES ESA MISMA TARDE. EN LOS DÍAS SIGUIENTES TENDRÁN LUGAR OTRAS DOS VOTACIONES POR LA MAÑANA Y DOS MÁS POR LA TARDE. DURANTE LA VOTACIÓN, LOS CARDENALES ESTÁN ENCERRADOS EN LA CAPILLA SIXTINA. EN CASO DE QUE PASADOS TRES DÍAS NO SE HAYA ELEGIDO UN PAPA, SE DEDICARÁ UN DÍA A LA PLEGARIA. SI ESTA SITUACIÓN SE REPITIERA EN VARIAS OCASIONES, LOS DOS CARDENALES CON MÁS APOYOS SE ENFRENTARÍAN EN UNA VOTACIÓN FINAL.

ᐯ VEN, ESPÍRITU CREADOR
El cónclave se inicia con la procesión de los cardenales electores desde la Capilla Paulina, al canto de *Veni Creator Spiritus* (Ven, Espíritu Creador).

ᐱ EN LA CAPILLA SIXTINA
Tras atravesar la Sala Regia, los cardenales entran en la Capilla Sixtina para la primera votación, y escuchan el sermón del cardenal Prosper Grech.

EL CÓNCLAVE

LOS CARDENALES ELECTORES VOTAN POR UN NUEVO PAPA

> CRISTO POR TESTIGO
«Pongo por testigo a Cristo, el Señor, quien me ha de juzgar, que estoy eligiendo a quien, según Dios, creo que debe ser elegido.»

ᐱ EL JURAMENTO
Cada cardenal jura sobre los Evangelios: «Prometo, me obligo y juro. Que Dios me ayude y estos Santos Evangelios, que toco con mi mano».

➤ FUMATA NEGRA
Las papeletas de votación se queman
en una estufa de la capilla destinada
a ello. El humo negro indica el voto
negativo.

⋏ ROSTROS DE EXPECTACIÓN
La paciente multitud cierra sus paraguas
cuando el reloj marca las siete de la tarde,
hora en que las papeletas deben quemarse
para anunciar el último resultado del día.

◄ CONTENIDO ENTUSIASMO

Una persistente lluvia cae durante toda la tarde hasta poco antes de las siete. Pese a la humedad, la multitud se mantiene expectante.

Y FUMATA BLANCA

A las siete y cinco, la fumata blanca hace su aparición en la chimenea, indicando que se ha elegido a un nuevo Papa. La multitud ruge de alegría.

◄ ALEGRES SALUDOS

Pasa una hora hasta que el papa Francisco aparece en público. Los congregados rezan, cantan y se saludan alegres, aun sin conocerse.

Y **LA GUARDIA SUIZA SE PREPARA**
Cuando el humo anuncia al mundo
exterior que el Papa ha sido elegido, la
Guardia Suiza toma posiciones frente a
la Basílica de San Pedro.

▲ LA BANDA, LISTA PARA TOCAR
La banda está lista para tocar el himno
vaticano mientras la Guardia Suiza
espera bajo la lluvia a que se anuncie
la elección del nuevo Papa.

✝ TRAS AGRADECER A LOS CARDENALES QUE LO HAN ELEGIDO, EL NUEVO PAPA FRANCISCO SE RETIRA A REZAR EN SILENCIO EN LA CAPILLA PAULINA. SE DIRIGE LUEGO AL BALCÓN CENTRAL DE LA BASÍLICA DE SAN PEDRO, DESDE DONDE CONTEMPLA A LOS MILES DE FIELES QUE SE HAN CONGREGADO EN LA PLAZA PARA VERLO. DESDE ALLÍ, EL PAPA FRANCISCO SALUDA A SU NUEVO REBAÑO. ES UN MOMENTO EMOTIVO PARA TODOS LOS PRESENTES, Y CASI ABRUMADOR PARA FRANCISCO, EL PRIMER PAPA AMERICANO DE LA IGLESIA.

▲ EL ESCUDO PAPAL
La enseña papal se despliega en el balcón, pero con un espacio en blanco para el escudo. Cada Papa tiene un escudo propio, que se diseña tras la elección.

HABEMUS PAPAM

TENEMOS PAPA

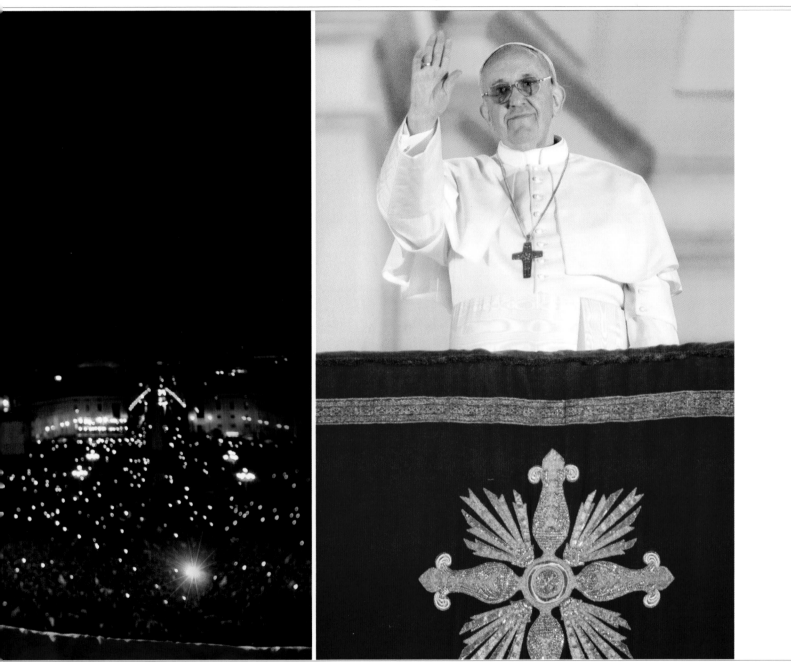

⋎ HUMILDE SALUDO

Incluso en ese momento de gloria, el papa Francisco mantiene su humildad e insiste en vestir un hábito sencillo, sus zapatos habituales y su sencillo crucifijo.

⋏ SALUDO A LOS FIELES

El papa Francisco saluda a los miles de personas que se han congregado en la plaza de San Pedro a la espera de su elección. Un espectáculo fascinante.

EL DOMINGO 17 DE MARZO, EL PAPA FRANCISCO CELEBRA MISA EN LA PEQUEÑA IGLESIA PARROQUIAL
DE SANTA ANA, EN EL VATICANO. CORRE LA VOZ DE QUE EL PAPA VA A CELEBRAR SU PRIMERA MISA, Y
LA GENTE SE AGOLPA EN LA IGLESIA. AL FINAL DE LA CELEBRACIÓN, EL PAPA BROMEA DICIENDO QUE
MUCHOS DE LOS CONGREGADOS HAN VENIDO DE ARGENTINA, INCLUSO UN SACERDOTE QUE TRABAJA
CON NIÑOS DE LA CALLE, Y SE PREGUNTA CÓMO SE LAS HAN ARREGLADO PARA HACERSE UN LUGAR
EN LA MISA. «HOY –BROMEA– SON TODOS PARROQUIANOS.»

Ɣ **BENDICIÓN POPULAR**
Tras hacer una reverencia ante el
crucifijo a su llegada, el Papa bendice
a los presentes con agua bendita, en
recuerdo del bautismo.

> **PARROQUIA VATICANA**
Terminada en 1583, la iglesia de Santa
Ana es la iglesia parroquial de la Ciudad
del Vaticano, y es un lugar muy popular
para las bodas.

MISA EN SANTA ANA

LA PRIMERA MISA EN LA IGLESIA PARROQUIAL DEL VATICANO

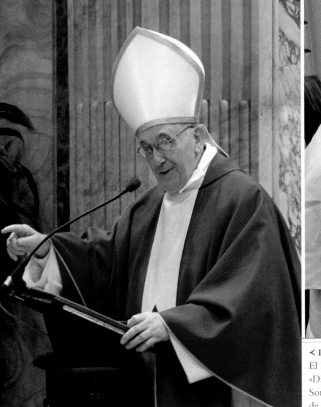

< DIOS NOS PERDONA

El Papa dice en una homilía improvisada: «Dios no se cansa nunca de perdonarnos. Somos nosotros quienes nos cansamos de pedirle que nos dé su perdón».

∧ RELACIÓN CON LA GENTE

En una entrevista para el diario argentino *La Voz del Pueblo* Francisco dirá: «Me hice cura para estar con la gente. Doy gracias a Dios de que eso no se me haya ido».

> **LA GUARDIA**
Un contingente de la Guardia Suiza marcha a través del atrio de la Basílica de San Pedro para la misa, a la que asisten 6 reyes y 31 jefes de Estado.

Desde primera hora del 19 de marzo, decenas de miles de romanos y visitantes de todo el mundo se agolpan en la plaza de San Pedro para la misa de inauguración. No tardan en ocuparse las sillas disponibles y hay más de 150 000 personas de pie. En la tarima, jefes de Estado y primeros ministros se mezclan con cardenales y prelados. Asisten a la ceremonia dignatarios de 132 países, que no quieren faltar a este evento histórico.

Media hora antes de comenzar la misa, el nuevo Papa es conducido entre la multitud. Al llegar a la basílica, se detiene a rezar ante la tumba de San Pedro, bajo la cúpula de Miguel Ángel. Las trompetas llenan el ambiente para acompañar al coro de la Capilla Sixtina, que canta el motete «*Tu es Petrus*» (Tú eres Pedro). El Papa baja entonces a la *confessio*, la cripta donde la tradición sostiene que se enterró a San Pedro. En la tumba están el Anillo del Pescador (anillo del obispo) y el palio (estola), que se han colocado la noche anterior. Dos diáconos los llevan por delante del Papa y de los cardenales hasta la plaza, radiante bajo el sol.

Al inicio de la misa, el Papa es investido con el anillo y el palio. Viste una mitra sencilla y su casulla de Buenos Aires. Seis cardenales, en representación del Colegio, le hacen reverencia. En su homilía, el Papa habla del papel de José en el cristianismo. Recuerda que ese día es el onomástico de su predecesor, Joseph Ratzinger, Benedicto XVI. La misión de José era proteger a María y el Niño Jesús. José es el custodio de todos los cristianos, dice el papa Francisco.

Hablando espontáneamente, añade: «Quisiera pedir, por favor, a todos los que ocupan puestos de responsabilidad en el ámbito económico, político o social, a todos los hombres y mujeres de buena voluntad: seamos "custodios" de la creación, del designio de Dios inscrito en la naturaleza, guardianes del otro, del medio ambiente [...] Pero, para "custodiar", también tenemos que cuidar de nosotros mismos. Recordemos que el odio, la envidia, la soberbia, ensucian la vida. Custodiar quiere decir entonces vigilar sobre nuestros sentimientos, nuestro corazón, porque ahí es de donde salen las intenciones buenas y malas: las que construyen y las que destruyen. No debemos tener miedo de la bondad, más aún, ni siquiera de la ternura».

Después de la misa, el Papa se reúne con delegados de todas las naciones, que le expresan buenos deseos cuando comienza su labor de custodia de la Iglesia.

∧ **ENTRE LA MULTITUD**
Antes de la misa, el papa Francisco es conducido en un recorrido de media hora entre los cientos de miles de personas que llenan la plaza de San Pedro.

MISA DE INAUGURACIÓN
VIGILANTES DE NUESTRO CORAZÓN Y NUESTRAS EMOCIONES

< CONFESSIO
El *confessio* es una zona situada bajo el
Altar Mayor y la cúpula diseñada por
Miguel Ángel, donde se encuentra la
tumba del apóstol Pedro.

˄ DESCENSO A LA CRIPTA
Acompañado por los patriarcas y los
arzobispos metropolitanos de la Iglesia
oriental, el papa Francisco baja los
escalones que le conducen al Nicho de los
Palios, sobre la tumba de San Pedro.

ʌ PALIO
El Anillo del Pescador y el palio están
preparados ante el mosaico medieval de
Cristo. La caja de plata guarda nuevos
palios para los arzobispos.

➢ EL ANILLO DEL PESCADOR
El anillo, diseñado por Enrico Manfrini
para el papa Pablo VI, muestra a San
Pedro con un par de llaves, símbolo de
las llaves del cielo.

> **MITRA Y CASULLA SENCILLAS**
Para la ceremonia, el papa Francisco
decide usar una sencilla mitra y una
casulla a juego que viene usando desde
sus tiempos de obispo en Argentina.

∧ **PROCESIÓN COLORIDA**
La colorida procesión de los prelados
y obispos de las iglesias Oriental y
Occidental deja la Basílica de San
Pedro y se dirige hacia la escalinata.

∧ **FÉRULA**
El papa Francisco llega a la escalinata
de San Pedro con una férula, o cruz
procesional, realizada para su predecesor,
el papa Benedicto XVI.

< MILLONES DE ESPECTADORES
La ceremonia de inauguración es seguida por millones de espectadores en todo el mundo por Internet, radio y televisión, y la cubren más de 5 600 periodistas.

⋏ PALIO Y ANILLO
Sobre los hombros del Papa se coloca el palio de lana blanca, con cuatro rosas bordadas, antes de que reciba el Anillo del Pescador.

< DEDO ANULAR
El cardenal Angelo Sodano, decano del Colegio Cardenalicio, pone el Anillo del Pescador en el dedo del pontífice al inicio de la misa.

< **SALUDO A LOS NIÑOS**
Siguiendo una tradición establecida en el día de la inauguración, Francisco se desplaza por la plaza de San Pedro para saludar y conversar con niños y adultos.

▲ **INVOCACIÓN DEL ESPÍRITU SANTO**
«Imploro la intercesión de la Virgen María, de San José, de los apóstoles San Pedro y San Pablo, de San Francisco, para que el Espíritu Santo acompañe mi ministerio. Orad por mí.»

EL AÑO PAPAL

EL CALENDARIO DEL PAPA

Al acercarse a su cumpleaños 75, en diciembre de 2012, el cardenal Jorge Bergoglio presentó su renuncia como arzobispo de Buenos Aires ante el papa Benedicto XVI. Su intención era mudarse a una casa de retiro para sacerdotes. Poco podía imaginar que en pocos meses sería llamado a la oficina más alta de la Iglesia. El papel principal del Papa es el de obispo de la diócesis de Roma, pero, como sucesor de Pedro, tiene también una posición importante en la vida de la Iglesia en su conjunto. El Papa ha tratado de alejarse de la excesiva centralización del papado, lo que permite a los obispos tener mayor independencia en sus diócesis. Además de sus tareas cotidianas en el Vaticano, hace de manera regular visitas pastorales a diferentes lugares del mundo. En esos viajes siempre visita cárceles, orfanatos y centros de rehabilitación.

EL PAPA FRANCISCO ES EL SUCESOR NÚMERO 266 DE SAN PEDRO COMO OBISPO DE ROMA. EN ESE PAPEL, LA PRINCIPAL RESPONSABILIDAD DEL PAPA ES EL BIENESTAR ESPIRITUAL DE LA DIÓCESIS. A LO LARGO DE LOS SIGLOS, EL OBISPO DE ROMA HA TENIDO UNA POSICIÓN DE HONOR ENTRE LOS OBISPOS DEL MUNDO. AUNQUE EL PAPA ES UNO ENTRE IGUALES, LA MAYOR PARTE DE LOS CRISTIANOS VEN SU PAPEL COMO UNA IMPORTANTE FUENTE DE UNIDAD. CON LOS ACTUALES MEDIOS DE COMUNICACIÓN Y DE TRANSPORTE, EL PAPEL DEL PAPA HA ADQUIRIDO UNA MAYOR VISIBILIDAD A ESCALA GLOBAL.

Cada día, el papa Francisco sigue la misma rutina. Según su costumbre, se levanta antes de las cinco. Desde su elección, reside en la Casa Santa Marta, una residencia para sacerdotes e invitados que está situada detrás de la Basílica de San Pedro. Si no debe celebrar una liturgia en otro lugar, Francisco comienza el día a las siete con una misa en la capilla de la residencia. Algunas personas participan en la misa como invitados, tras la cual tienen la oportunidad de conocer al Papa. Francisco desayuna después en el gran refectorio.

Cada mañana, el papa Francisco se reúne con el prefecto de la Casa Pontificia, el arzobispo Georg Gänswein, y revisa las citas del día. En general, el prefecto organiza las citas oficiales que se desarrollan en la mañana, mientras que el papa Francisco decide con quién desea reunirse por la tarde. Estas reuniones tienen lugar en algunas habitaciones habilitadas a tal fin, así como en la cercana Sala Papa Pablo VI.

El miércoles por la mañana, Francisco saluda a peregrinos de todo el mundo en la audiencia general, que se celebra en la plaza de San Pedro, y los domingos por la mañana reza el Ángelus desde la ventana del Palacio Apostólico que da a la plaza.

El Papa tiene también, cada día, bastante trabajo de despacho. Distintas oficinas envían documentos a la Secretaría de Estado, que establece prioridades y los organiza para él. El pontífice revisa por la mañana una parte de estos documentos, y por la tarde dedica más tiempo al resto. Sus decisiones regresan a la Secretaría de Estado, donde se procesan y se despachan hacia otras oficinas. Una de las responsabilidades del Papa es la de la elección de los candidatos a obispo de toda la Iglesia católica.

A media mañana, inicia una serie de audiencias privadas. Las visitas oficiales tienen lugar en la biblioteca del Palacio Apostólico. Si hace buen tiempo, el Papa se desplaza a pie desde su residencia en la Casa Santa Marta, a través del Patio del Loro y por el Patio de San Damasco; si no, le llevan en su Ford Focus.

A mediodía, Francisco regresa a la Casa Santa Marta para almorzar. «Yo, psicológicamente, no puedo vivir sin gente, no sirvo para monje, por eso me quedé a vivir acá en esta casa, la residencia de Santa Marta», dice en una entrevista. Así, aunque tiene una mesa reservada para él y sus colaboradores, prefiere compartir mantel con otros residentes. Observa después la tradición italiana de hacer una breve siesta, tras la que regresa a su escritorio. A partir de las cinco mantiene más reuniones hasta la hora de la plegaria vespertina, y a las ocho cena en el comedor con los otros residentes. Ocasionalmente, si tiene invitados, cenan en una mesa más reservada. Tras la cena, se retira para revisar más documentos y hace algunas llamadas telefónicas.

Como obispo de Roma, el papa Francisco preside también una serie de liturgias que se celebran en la Basílica de San Pedro, en la Catedral de San Juan de Letrán o en una de las 335 parroquias de Roma. Tiene confiada la gestión del día a día de la diócesis de Roma a su vicario, el cardenal Agostino Vallini. Sin embargo, él mismo continúa visitando las parroquias con regularidad, y a menudo invita a feligreses y sacerdotes a ir a verlo al Vaticano.

PRINCIPALES CELEBRACIONES

Al margen de esa dinámica regular, más rutinaria, hay otros eventos que tienen lugar con menor frecuencia, a veces sólo anualmente, pero que son muy importantes en el calendario papal: desde la Semana Santa, en marzo o abril,

UN AÑO EN LA VIDA

HITOS EN EL CALENDARIO DEL PAPA FRANCISCO

según el año, o la Navidad, hasta ocasiones más íntimas, como la fiesta del Bautismo del Señor, en enero, o la fiesta de la Visitación en mayo.

PERFIL INTERNACIONAL

A lo largo del pasado siglo, el perfil del papado ha ido cobrando mayor importancia en todo el mundo. Los 26 años de pontificado de Juan Pablo II (1978-2005), en particular, pusieron de relieve el papel internacional del papado como nunca antes. Durante esos años, el papa Juan Pablo emitió decenas de documentos teológicos y realizó unos 200 viajes a lo largo y ancho del planeta. Se estima que el pontífice polaco cubrió más de un millón y medio de kilómetros durante el último cuarto del siglo XX.

Su sucesor, el papa Benedicto (2005-2013), viajó considerablemente menos y recorrió distancias más cortas. Pese a que no le entusiasman los viajes particularmente, el papa Francisco se ha comprometido a cuidar esta faceta internacional del papado. Cada visita requiere una planificación meticulosa: hay que contactar con las autoridades locales, y la logística de la visita requiere de paciencia y precisión. Se deben redactar los discursos y acordar con el país anfitrión el lugar apropiado para el evento. La seguridad es siempre una preocupación, especialmente porque el papa Francisco prefiere caminar entre la multitud y moverse con una escolta mínima.

POPULARIDAD CRECIENTE

El Papa goza de una popularidad extraordinaria, hasta el punto de que el número de asistentes a las ceremonias y eventos en el Vaticano se ha triplicado en los dos primeros años de su pontificado, de dos a seis millones por año, y siguen en aumento.

⋏ FELIZ ENTRE LAS MASAS
El papa Francisco saluda a la multitud al llegar a la plaza de San Pedro para la audiencia general, que tiene lugar todos los miércoles.

⋎ VISTA PANORÁMICA
La plaza de San Pedro está repleta de fieles para escuchar el Ángelus, que el Papa pronuncia desde una ventana del Palacio Apostólico.

El año nuevo comienza en el Vaticano con una misa celebrada por el papa Francisco en la Basílica de San Pedro, a la que asisten los embajadores de los países acreditados ante la Santa Sede. El primer día de enero es la fiesta de María, Madre de Dios, y el Día Internacional de Oración por la Paz Mundial. El Papa prepara para la ocasión un mensaje que examina la situación internacional.

A mediodía, el Papa reza el Ángelus ante la multitud en la plaza de San Pedro, desde la ventana de su estudio en el Palacio Apostólico. Cadenas de radio y de televisión de todo el mundo e Internet transmiten sus ceremonias públicas y el Ángelus.

El 6 de enero, la Iglesia celebra la fiesta de la Epifanía, una de las fiestas cristianas más antiguas. Se recuerda la visita de los Reyes Magos a María, José y el niño Jesús en Belén.

Las fiestas de Navidad terminan el domingo siguiente a la Epifanía, con la fiesta del Bautismo del Señor. Ese día, Francisco bautiza a un grupo de niños en la Capilla Sixtina. Sus padres son habitualmente empleados del Vaticano.

El papado cuenta con el servicio diplomático más antiguo del mundo, pues data de mediados del siglo v. Actualmente, 180 países mantienen relaciones diplomáticas plenas con la Santa Sede. Una vez al año, a mediados de enero, el Papa se reúne con estos embajadores en la Sala Regia, del siglo XVI. Los nuncios apostólicos, los embajadores papales, se acreditan ante los gobiernos de estos países para tratar los temas de interés común. Los gobiernos nacionales aprecian ese enlace con el Vaticano, pues lo consideran un valioso «puesto de escucha». La Santa Sede mantiene también una serie de misiones ante organizaciones internacionales, como las Naciones Unidas y otros organismos.

Cada año, a finales del mes, el Papa se reúne en sesión plenaria con sus asesores teológicos, los miembros de la Congregación para la Doctrina de la Fe. Los asesores llegan al Vaticano para este encuentro desde todos los lugares del mundo. Tratan importantes cuestiones relativas a la enseñanza de la Iglesia, y en cómo puede hacerse de manera más efectiva y relevante para los cristianos. En 2015, el papa Francisco expresó su preocupación por el hecho de que hubiera tan pocas teólogas representadas, y pidió que se corrigiera ese desequilibrio.

⋀ RECEPCIÓN DIPLOMÁTICA
El Papa recibe a diplomáticos e intercambia buenos deseos para el año nuevo en la suntuosa Sala Regia del siglo XVI, en el Palacio Apostólico.

> BAUTISMO
En la fiesta del Bautismo del Señor, el Papa bautiza a varios niños en la Capilla Sixtina, del siglo XV, cuyos muros y bóveda están decorados con frescos.

ENERO

COMIENZO DE UN NUEVO AÑO PAPAL

DESDE LOS PRIMEROS TIEMPOS, LA IGLESIA EN ROMA HA CELEBRADO LA FIESTA DE MARÍA, LA MADRE DE DIOS, EL PRIMER DÍA DE ENERO, OCHO DÍAS DESPUÉS DE LA NATIVIDAD DE JESÚS. FUE EN EL AÑO 431, EN EL CONCILIO DE ÉFESO, CUANDO LOS OBISPOS CRISTIANOS HONRARON POR PRIMERA VEZ A MARÍA COMO LA MADRE DE JESÚS. COMO JESÚS ERA VENERADO COMO EL HIJO DE DIOS, ESO SIGNIFICABA QUE MARÍA ERA LA MADRE DE SU DIVINO HIJO. LA FIESTA DE MARÍA PONE DE RELIEVE QUE JESÚS TIENE DOS NATURALEZAS: HUMANA Y DIVINA.

< EL NIÑO JESÚS
En muchos hogares italianos, se exhibe durante las fiestas navideñas una figurita del niño Jesús, como la figura de yeso de la Basílica de San Pedro.

∨ INCIENSO
En el altar, el Papa inciensa la figura del niño Jesús, que descansa en una mesa dorada del siglo XIX, usada habitualmente para mostrar un ejemplar de los Evangelios.

∧ PRÍNCIPE DE PAZ
El Papa besa la figura del recién nacido y se prepara para comenzar la misa. Uno de los nombres antiguos de Jesús es el de «Príncipe de la Paz».

FIESTA DE MARÍA
CELEBRACIÓN DE LA MADRE DE DIOS

∨ NIÑOS MAGOS

Tres niños vestidos con ropas simbólicas y coronas, que representan los tres Sabios, o Reyes Magos, llevan pan y vino al altar.

> CABEZAS INCLINADAS

Los niños se inclinan ante el papa Francisco cuando le entregan el pan y el vino durante la liturgia de la Eucaristía.

LA PALABRA *EPIFANÍA* TIENE SU ORIGEN EN UN TÉRMINO GRIEGO QUE SIGNIFICA «REVELACIÓN».

✝ LA FIESTA DE LA EPIFANÍA SE CELEBRA CADA AÑO EL 6 DE ENERO EN LA BASÍLICA DE SAN PEDRO. CONMEMORA EL VIAJE DE LOS REYES MAGOS QUE SIGUIERON LA LUZ DE LA ESTRELLA QUE LOS LLEVÓ A BELÉN, DONDE ENCONTRARON A MARÍA, JOSÉ Y EL NIÑO JESÚS. LA PLEGARIA DE LA MISA RECUERDA EL BAUTISMO DE JESÚS, CUANDO COMENZÓ SU MINISTERIO PÚBLICO COMO ADULTO. Y TAMBIÉN SU PRIMER MILAGRO, CUANDO CONVIRTIÓ EL AGUA EN VINO EN CANÁ, EN GALILEA.

⋀ DULCE AROMA

Al inicio de la misa, el papa Francisco inciensa el altar con goma arábiga perfumada, que cuando se quema con carbón produce un humo de aroma dulce.

⋀ LECTURA DE LA BIBLIA

El diácono se prepara para proclamar el Evangelio. Los más importantes pasajes que se leen de la Biblia son los Cuatro Evangelios.

⋀ LA ADORACIÓN

Dos niñas se acercan a la figura del niño Jesús. Muchas familias católicas tienen en casa una cuna con figuras que recuerdan el nacimiento de Jesús.

⋖ PETICIÓN DE PERDÓN

El papa Francisco inclina la cabeza e invita a todos los presentes a recordar sus pecados, en la seguridad de que Dios los perdonará si se lo piden.

LA EPIFANÍA

CONMEMORACIÓN DE LA VISITA DE LOS MAGOS

⋗ PREPARATIVOS

Un servidor prepara la celebración de la misa y enciende los seis cirios del Altar Mayor. Las figuras de María y Jesús están adornadas con rosas blancas.

∨ LA LUZ DE LA EPIFANÍA
Haces de luz se proyectan a través de las
ventanas e iluminan el Altar Mayor de
San Pedro mientras el Papa celebra la
misa de la fiesta de la Epifanía.

LA CAPILLA SIXTINA ES EL ESCENARIO DE UN ACTO ÍNTIMO QUE TIENE LUGAR POCO DESPUÉS DE LA FIESTA DEL BAUTISMO DEL SEÑOR. EL PAPA FRANCISCO BAUTIZA A UN GRUPO DE NIÑOS, GENERALMENTE HIJOS DE EMPLEADOS DEL VATICANO. LA CAPILLA LA DISEÑÓ BACCIO PONTELLI PARA EL PAPA SIXTO IV Y SE CONSTRUYÓ ENTRE 1473 Y 1481. LA DECORARON ALGUNOS DE LOS MAYORES ARTISTAS DEL RENACIMIENTO, COMO GHIRLANDAIO, PERUGINO, BOTTICELLI Y EL MÁS CONOCIDO DE TODOS, MIGUEL ÁNGEL, QUE PINTÓ SU CELEBRADA BÓVEDA.

ᐯ LLAMAMIENTO AL PERDÓN DE DIOS
El Papa comienza la misa con el Rito Penitencial, con el que se invoca el perdón de Dios para los miembros de la congregación, mientras éstos rememoran sus pecados.

＞ BEBÉS EN BRAZOS
Los padres de los niños los tienen en brazos mientras aguardan a que llegue el momento en que el papa Francisco los bautice en la pila bautismal.

ᐱ LA PILA BAUTISMAL
Dos diáconos vierten agua con unas jarras de plata en la pila bautismal, que está decorada con estilizadas ramas de olivo, símbolo de la paz.

＞ AGUA BENDITA
Un niño mira a su madre mientras el Papa se prepara para verter agua bendita sobre su cabeza con una venera de plata.

FIESTA DEL BAUTISMO
UNA CEREMONIA FAMILIAR ÍNTIMA

Y FIESTA DEL BAUTISMO
La fiesta del Bautismo del Señor se
celebra cada año a principios de enero,
cuando el Papa bautiza a un grupo de
niños en la Capilla Sixtina.

UNA VEZ AL AÑO, A MEDIADOS DE ENERO, EL PAPA FRANCISCO RECIBE A LOS EMBAJADORES DE LOS PAÍSES QUE MANTIENEN RELACIONES DIPLOMÁTICAS CON LA SANTA SEDE. EL PAPADO CUENTA CON EL SERVICIO DIPLOMÁTICO MÁS ANTIGUO DEL MUNDO, QUE SE REMONTA AL SIGLO V. ACTUALMENTE, UNOS 180 PAÍSES MANTIENEN RELACIONES DIPLOMÁTICAS PLENAS CON EL VATICANO. LOS NUNCIOS APOSTÓLICOS, LOS EMBAJADORES PAPALES, ESTÁN ACREDITADOS ANTE LOS GOBIERNOS PARA POTENCIAR LOS ASUNTOS DE INTERÉS COMÚN.

RECEPCIÓN DE EMBAJADORES

DIPLOMACIA PAPAL EN ACCIÓN

> **ALOCUCIÓN PAPAL**
Cada año, el Papa pronuncia un discurso en el que examina asuntos como el tráfico de personas, las drogas, el crimen, la ética, la ayuda humanitaria o el cambio climático.

ᴠ **FOTO DE GRUPO**
Los diplomáticos se reúnen para una foto de grupo en la Sala Ducal del Palacio Apostólico, diseñado por Bernini.

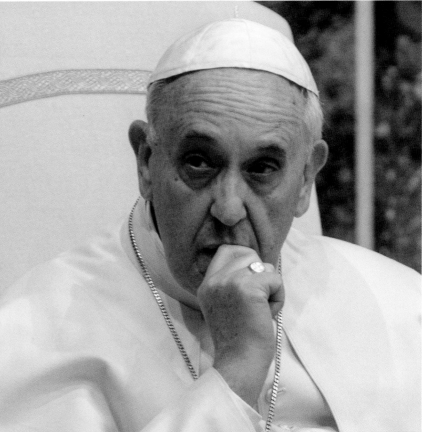

> **MISIONES VATICANAS**
La Santa Sede tiene un buen número de misiones en todo el mundo. Son muchos los gobiernos que aprecian esta conexión con el Vaticano, que ven como un «puesto de escucha».

ᴧ **UN PAPA PENSATIVO**
El Papa es un apasionado abogado del foro político, y busca despertar la conciencia de los líderes mundiales en relación con los derechos humanos.

CADA AÑO, LOS CRISTIANOS DEDICAN UNA SEMANA A REZAR POR LA UNIDAD CRISTIANA, QUE CULMINA EN LA FIESTA DE SAN PABLO, EL 25 DE ENERO. EL PAPA SE ENCUENTRA CON OTROS LÍDERES CRISTIANOS PARA LAS VÍSPERAS EN LA BASÍLICA DE SAN PABLO EXTRAMUROS, DONDE ESTÁ ENTERRADO EL PRIMER GRAN MISIONERO. FRANCISCO SE REÚNE REGULARMENTE CON OTROS LÍDERES CRISTIANOS TANTO EN SUS VIAJES COMO EN EL VATICANO, DONDE HA INTRODUCIDO UNA CIERTA INFORMALIDAD, PUES INVITA A SUS HUÉSPEDES A ALOJARSE CON ÉL O A COMPARTIR MANTEL EN EL REFECTORIO.

FIESTA DE SAN PABLO

CELEBRACIÓN DE LA CONVERSIÓN DE SAN PABLO

< UNIDOS EN EL AMOR

«Superemos nuestros conflictos, nuestras divisiones y nuestro egoísmo, y estemos unidos entre nosotros con el poder del amor», dice el papa Francisco.

˅ LITURGIA DESTACADA

La celebración de las Vísperas en la fiesta de San Pablo es uno de los momentos destacados del año papal y se conmemora con especial solemnidad.

˄ REUNIÓN ANUAL

Católicos y otros líderes cristianos se reúnen cada año en San Pablo Extramuros para celebrar las Vísperas, la plegaria vespertina de la Iglesia.

EL PAPA FRANCISCO SE MUESTRA ORGULLOSO DE SU HERENCIA ARGENTINA, DE LA QUE AMA LA LITERATURA, LA MÚSICA, EL ARTE, LA COMIDA Y LA LENGUA ESPAÑOLA. ANTES DE SU ELECCIÓN, RARAMENTE ABANDONABA ARGENTINA, SALVO PARA ALGUNAS VISITAS BREVES A OTROS PAÍSES LATINOAMERICANOS Y A ROMA. HOY LE GUSTA RECIBIR A LOS ARGENTINOS QUE LO VISITAN, ASÍ COMO A LA DIÁSPORA ARGENTINA EN EUROPA. LE AGRADA RECIBIR A GRUPOS COMO SU EQUIPO DE FUTBOL FAVORITO, EL SAN LORENZO DE ALMAGRO, GRUPOS ESCOLARES O DELEGACIONES DE SU PAÍS NATAL.

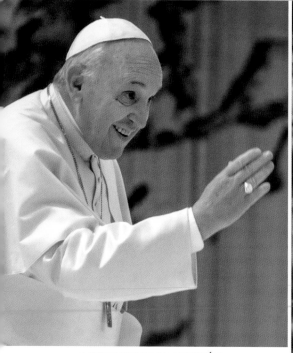

˄ ENEMIGOS DE LA OPRESIÓN
El papa Francisco se apasiona en su oposición al tráfico de personas y a la esclavitud, e insta con frecuencia a los gobiernos y las fuerzas militares para que ayuden a poner fin a este fenómeno.

˃ GUERRA CONTRA LA EXPLOTACIÓN
Cuando habla con sus compatriotas, el Papa les anima a luchar contra la explotación de los débiles y los vulnerables, y promete a los soldados que rezará por su seguridad.

PACIFICADORES

EL PAPA FRANCISCO SALUDA A LOS BOINAS AZULES ARGENTINOS

< FUERZAS DE PACIFICACIÓN
Tras una audiencia general, el papa
Francisco posa con los soldados argentinos,
que llevan las boinas azules que los
identifican como fuerzas de pacificación
de la ONU, en la Sala del Papa Pablo VI.

> MENSAJE DE ESPERANZA
«Los seres humanos pueden convertirse.
Jamás deben perder la esperanza de poder
cambiar sus vidas. Que sea éste un
mensaje de esperanza para todos», dice
el papa Francisco.

> CANDELARIA
La procesión de antorchas se inicia en el atrio de San Pedro, con la bendición de las candelas, y llega al Altar Mayor para la celebración de la misa.

La fiesta de la Presentación del Señor, que se celebra el 2 de febrero en la Basílica de San Pedro, conmemora un importante acontecimiento en la vida de Jesús. Cuando el niño tenía cuarenta días de edad, María y José lo llevaron al templo, donde se encontraron con el anciano Simeón —descrito como «santo y devoto» por San Lucas—, quien lo aclamó como la «gloria de Israel» y «la luz de los gentiles».

La fiesta se conoce también como La Candelaria. Según la tradición, todas las velas que van a usarse en el culto a lo largo del año se bendicen en este día. Miles de miembros de las órdenes religiosas de la Iglesia se unen al Papa para la celebración, y la Iglesia honra su contribución a la oración, la educación, la salud y otras esferas de la vida.

En 1992, el papa Juan Pablo II instituyó la Jornada Mundial del Enfermo, que se celebra el 11 de febrero, fiesta de Nuestra Señora de Lourdes. Se eligió este día porque la Virgen María había sanado milagrosamente a muchos peregrinos y visitantes enfermos.

La Diócesis de Roma cuenta con un grupo muy activo de voluntarios que organizan peregrinaciones al santuario francés. Cientos de ellos acompañan a Lourdes a los enfermos en trenes fletados especialmente. Los voluntarios acompañan también al Vaticano a los inválidos y los enfermos para celebrar el Día Mundial del Enfermo, el 11 de febrero.

Muchas parejas celebran el día de San Valentín el 14 de febrero, con regalos y tarjetas de felicitación, y el papa Francisco recibe en una audiencia especial en la plaza de San Pedro a las parejas que se preparan para el matrimonio.

La fiesta de la Cátedra de Pedro, que se celebra el 22 de febrero, es una de las más antiguas del calendario romano. Según la tradición, en las catacumbas de Priscila se conservaba una silla que fue usada por San Pedro. En el mundo antiguo, la silla era un símbolo de autoridad docente, al igual que una «cátedra» (o silla) hoy en día en la universidad. La fiesta de la Cátedra de San Pedro es un signo visible de la autoridad magisterial de los obispos bajo el liderazgo del Papa.

En febrero, el papa Francisco nombra nuevos cardenales en una ceremonia pública, o consistorio. En caso de que el papado quede vacante, es necesario que haya siempre los 120 cardenales electores para realizar un cónclave.

⌃ PROCESIÓN
El papa Francisco encabeza la procesión con la que se abre el Año de la Vida Consagrada 2015–2016, dedicado a la labor de las órdenes religiosas de la Iglesia.

> **HÁBITOS SENCILLOS**
Muchas monjas y sacerdotes han modificado o abandonado sus hábitos tradicionales y visten ahora con mayor sencillez.

FEBRERO

PEREGRINACIONES Y CEREMONIAS DE LUZ

EL 2 DE FEBRERO DE 2015, EN LA FIESTA DE LA PRESENTACIÓN DEL SEÑOR, O CANDELARIA, EL PAPA FRANCISCO INAUGURA EL AÑO DE LA VIDA CONSAGRADA. SE CELEBRA LA CONTRIBUCIÓN A LA IGLESIA Y LA SOCIEDAD DE LOS HOMBRES Y LAS MUJERES QUE HAN HECHO VOTOS DE OBEDIENCIA, CASTIDAD Y POBREZA. LOS INSTA A TENER CORAJE Y DESTACA QUE SU «BRILLANTE EJEMPLO DE VIDA SERÁ UNA LÁMPARA QUE DARÁ LUZ Y CALOR A LOS CREYENTES».

LA CANDELARIA
LA BENDICIÓN DE LAS CANDELAS

< CANDELAS

Los creyentes prenden sus candelas y cantan un verso del Evangelio según San Lucas: «Luz de revelación a los gentiles, y gloria de tu pueblo Israel».

^ BENDICIÓN DE LAS CANDELAS

Antes de la misa, todos se reúnen en el atrio de San Pedro, donde se bendicen las candelas que se usarán para el culto a lo largo del año. La congregación entra entonces a la iglesia entonando himnos.

^ ELEVACIÓN DE LA HOSTIA

De pie frente a un crucifijo del siglo XVII, el papa Francisco eleva la hostia y el cáliz ante la congregación durante la plegaria de la Eucaristía.

∨ VOTOS RENOVADOS
Durante la misa, diáconos, sacerdotes y obispos se reúnen
con sus lámparas alrededor del Altar Mayor de la Basílica
de San Pedro y renuevan sus votos.

EL COLEGIO CARDENALICIO ESTÁ FORMADO POR UNOS 200 CARDENALES QUE ACTÚAN COMO ASESORES DE CONFIANZA DEL PAPA. CUANDO QUEDA VACANTE LA SEDE DE ROMA ES RESPONSABILIDAD DE LOS 120 CARDENALES ELECTORES, QUE DEBEN TENER MENOS DE 80 AÑOS, ELEGIR AL NUEVO OBISPO DE ROMA. A FIN DE MANTENER EL NÚMERO DE CARDENALES REQUERIDOS CERCA DEL MÁXIMO, EL PAPA PRESIDE UN CONSISTORIO. EN ESTA CEREMONIA, QUE A MENUDO TIENE LUGAR EN EL MES DE FEBRERO, NUEVOS MIEMBROS SE INCORPORAN AL COLEGIO CARDENALICIO.

< ACTO DE HUMILDAD
El papa Francisco besa el pie de una estatua de bronce del siglo XIII que representa a San Pedro, obra del escultor Arnolfo di Cambio.

> VISITA INESPERADA
El 22 de febrero de 2014, el papa emérito Benedicto XVI hace su primera aparición pública en un Consistorio tras su renuncia el año anterior.

∨ ELECCIÓN DE CARDENALES
El papa Francisco se ha destacado por elegir cardenales de países pobres, donde los católicos están en minoría o son perseguidos.

EL CONSISTORIO

NOMBRAMIENTO DE NUEVOS CARDENALES

SANCTA
HELENA
AVGVSTA

< **LOS COROS DEL CONSISTORIO**
El celebrado Coro de la Catedral de Westminster,
de Londres, se une al Coro Sixtino para cantar en
el Consistorio en que se eligen nuevos cardenales.

∨ **PÚRPURA CARDENALICIA**
Cada nuevo cardenal recibe un bonete
cuadrangular de seda escarlata, la birreta. El
escarlata es el color formal de los cardenales.

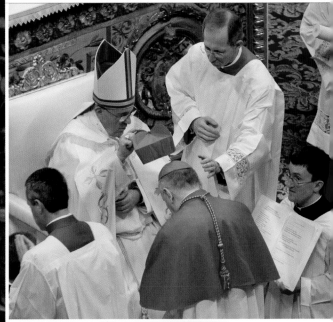

∧ **ANILLO DISTINTIVO**
Cada obispo lleva un anillo que simboliza su rango.
Los cardenales reciben un anillo especial que simboliza
su relación con el sucesor de Pedro, el Papa.

▼ ENCUENTRO INTERNACIONAL

El Colegio Cardenalicio estaba compuesto originalmente
por hasta 25 sacerdotes, o pastores, de las parroquias de
Roma. Actualmente los hay de todos los países del mundo.

LOS MIÉRCOLES POR LA MAÑANA, EL PAPA FRANCISCO DA UNA AUDIENCIA GENERAL PARA LOS PEREGRINOS. AL PRINCIPIO DE SU PONTIFICADO, EL NÚMERO ANUAL DE ASISTENTES A LAS CEREMONIAS VATICANAS SE TRIPLICÓ DESDE LOS DOS MILLONES CON EL PAPA BENEDICTO XVI HASTA CASI SEIS. LAS AUDIENCIAS GENERALES SOLÍAN HACERSE EN LA SALA DEL PAPA PABLO VI, TERMINADA EN 1971, CON CAPACIDAD PARA UNAS 8000 PERSONAS. EL PAPA HACE AHORA LAS AUDIENCIAS GENERALES EN LA PLAZA DE SAN PEDRO, ANTE ENTRE 50000 Y 70000 PERSONAS Y CON LA AYUDA DE PANTALLAS GIGANTES.

AUDIENCIA AL AIRE LIBRE

A MERCED DE LOS ELEMENTOS

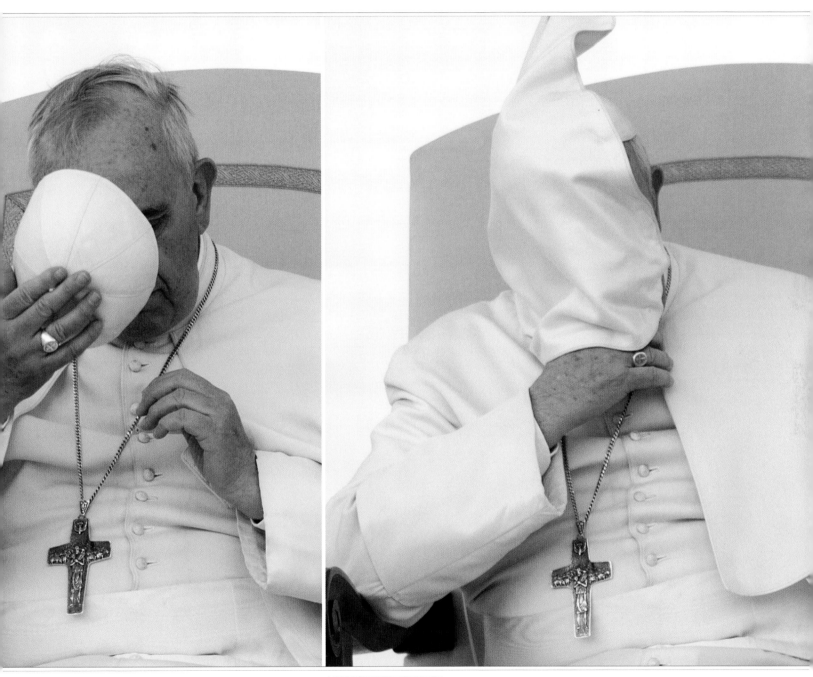

▲ VESTIMENTA TRAVIESA
A veces los elementos conspiran contra el Papa durante la audiencia
general, que tiene lugar en el exterior, en la plaza de San Pedro. Incluso
en verano, el viento puede resultar algo molesto.

˅ PROCESIÓN PENITENCIAL
Siguiendo una tradición que se remonta al siglo VI, el Papa participa en la procesión penitencial del Miércoles de Ceniza.

Con la llegada de la primavera, el frío invierno da paso a días más largos y brillantes que, en afortunada expresión de Francisco nos recuerdan que «Dios está primero, está siempre primero, Dios *primerea*. Dios es un poco como la flor del almendro de Sicilia, que es siempre la primera en aparecer».

En el calendario de la Iglesia, podría decirse que la Cuaresma y la Pascua también *primerean*, pues se celebran en marzo y abril. Según lo establecido por el Primer Concilio de Nicea en el año 325, la Pascua se celebra el primer domingo tras la luna llena posterior al equinoccio de primavera, por lo que varía cada año y puede caer en cualquier día entre el 22 de marzo y el 25 de abril.

La temporada de Cuaresma, que dura cuarenta días, es la preparación para la Pascua. Recuerda el tiempo que Jesús pasó en el desierto antes de comenzar su ministerio. En la Iglesia primitiva, quienes querían ser bautizados dedicaban la Cuaresma al estudio de la fe y la doctrina cristianas. Los cristianos acompañaban su progreso con oración y limosna.

La Cuaresma comienza con el Miércoles de Ceniza, en febrero o en marzo. Es entonces cuando el Papa se desplaza a la iglesia de Santa Sabina en el Aventino, junto al Circo Máximo, donde celebra la misa con la imposición de la ceniza. Durante la Cuaresma, el Papa y los miembros de la Curia Romana viajan a la ciudad de Ariccia, en las colinas Albanas, cerca de Roma, donde pasan unos días de retiro y oración y pueden dedicarse a la meditación y la lectura espiritual.

Francisco ha inaugurado una liturgia cuaresmal anual que incluye el Sacramento de la Penitencia y la Reconciliación, en el que los penitentes confiesan sus pecados y solicitan el perdón de Dios, y que se celebra en la Basílica de San Pedro.

En marzo, el Papa invita al Vaticano a los sacerdotes de Roma para discutir con ellos la mejor manera de cuidar de sus parroquias. Esta reunión informal incluye una sesión de preguntas y respuestas. Francisco enfatiza el hecho de que, como obispo de Roma, se preocupa por las personas y los sacerdotes de la ciudad. Roma es una urbe complicada. Cuenta con un gran patrimonio y recibe millones de visitantes; sin embargo, en algunas zonas el desempleo se ha generalizado y miles de personas viven en la pobreza. El Papa recuerda a menudo con gratitud a sus abuelos paternos, de quienes aprendió el italiano. Su fluidez en el idioma le permite entender mejor las necesidades y aspiraciones de su gente.

˄ AUDIENCIA ESPECIAL
El presidente Obama tuvo su primera audiencia especial con el papa Francisco el 27 de marzo de 2014, cuando trataron asuntos de actualidad.

˃ MIÉRCOLES DE CENIZA
Si bien el Papa suele preparar un texto para sus homilías, a menudo lo deja de lado para hablar de manera improvisada. Es un estilo más atractivo para su audiencia.

MARZO

PENITENCIA Y COMPRENSIÓN

✝ EL MIÉRCOLES DE CENIZA MARCA EL INICIO DE LA CUARESMA, QUE DURA CUARENTA DÍAS Y ES ÉPOCA DE PLEGARIA Y AYUNO. SIGUIENDO UNA COSTUMBRE QUE SE REMONTA AL SIGLO VI, EL PAPA CELEBRA UNA MISA EN LA IGLESIA DOMINICA DE SANTA SABINA, EN ROMA. CONSTRUIDO EN EL AÑO 432, EL TEMPLO SE ENCUENTRA EN EL AVENTINO, JUNTO AL CIRCO MÁXIMO Y EL RÍO TÍBER. ANTES DE LA MISA TIENE LUGAR LA PROCESIÓN PENITENCIAL DESDE LA CERCANA IGLESIA BENEDICTINA DE SAN ANSELMO.

> **LLEGADA A SANTA SABINA**
La procesión llega desde San Anselmo a la iglesia benedictina de Santa Sabina, donde el Papa celebra misa e impone ceniza en la cabeza de los sacerdotes y los fieles congregados.

∧ **CARDENALES PARTICIPANTES**
Los cardenales Jozef Tomko y Francis Arinze llegan a San Anselmo para participar en la liturgia. Ambos dirigían importantes congregaciones en la Curia Romana antes de retirarse.

> **CENIZAS A LAS CENIZAS**
El Miércoles de Ceniza, Francisco impone cenizas en la cabeza de unos cardenales como recordatorio de la fugacidad de la vida y de que tarde o temprano todo termina en polvo.

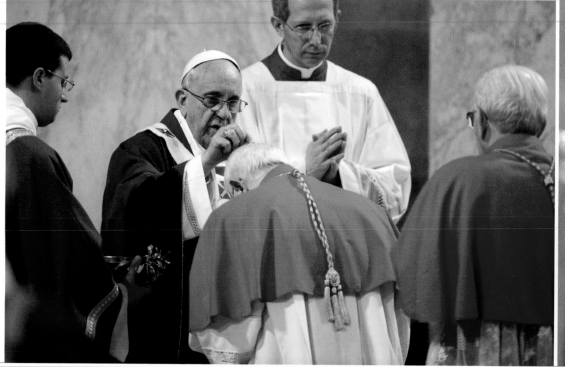

MIÉRCOLES DE CENIZA
PRIMER DÍA DE CUARESMA

A CONFIANZA EN DIOS

«La invitación a la conversión es un empujón a regresar
entre los brazos de Dios, Padre tierno y misericordioso,
a confiar en él y a confiarnos en él», dice el Papa.

TRAS SU RENUNCIA EL 28 DE FEBRERO DE 2013, EL PAPA EMÉRITO BENEDICTO XVI VIVÍA EN CASTEL GANDOLFO, EN LAS COLINAS ALBANAS, HASTA QUE EN MAYO REGRESÓ AL VATICANO PARA INSTALARSE EN UN CONVENTO REFORMADO, PARA VIVIR CON SOSIEGO «EN EL OCASO DE MIS DÍAS Y PREPARARME PARA LA ETERNIDAD CON DIOS». EL PAPA FRANCISCO Y SU PREDECESOR MANTIENEN UNA BUENA RELACIÓN Y SE VISITAN REGULARMENTE. EL PAPA FRANCISCO VALORA LA EXPERIENCIA DEL PONTÍFICE EMÉRITO Y LE PIDE CONSEJO CON FRECUENCIA.

⌃ SALUDOS NAVIDEÑOS
El 24 de diciembre de 2013, el papa Francisco invita a su predecesor a su casa para intercambiar buenos deseos. Francisco le obsequia con un *panettone*, un bizcocho navideño tradicional de Italia.

⌐ PLEGARIA CONJUNTA
El papa Francisco y el papa emérito Benedicto rezan juntos en la capilla de la residencia de verano de Castel Gandolfo el 23 de marzo de 2013. La fotografía recoge la primera vez que los dos rezan juntos como papas.

LOS PAPAS SE REÚNEN

RESPETO Y ADMIRACIÓN MUTUOS

COMO CAPITAL DE ITALIA, ROMA RECIBE UNA GRAN VARIEDAD DE VISITANTES PRESTIGIOSOS. REYES JEFES DE ESTADO Y POLÍTICOS INCLUYEN A MENUDO UNA VISITA AL VATICANO. EL PAPA RECIBE A SUS DISTINGUIDOS VISITANTES EN EL PALACIO APOSTÓLICO. EL 27 DE MARZO DE 2014, EL PRESIDENTE DE L ESTADOS UNIDOS, BARAK OBAMA, HIZO SU SEGUNDA VISITA AL VATICANO, TRAS HABER SIDO RECIBI POR BENEDICTO XVI EN 2009. LA SANTA SEDE Y LOS ESTADOS UNIDOS, DONDE VIVEN MÁS DE SETENTA MILLONES DE CATÓLICOS, HAN MANTENIDO SIEMPRE UNAS CÁLIDAS RELACIONES DIPLOMÁTICAS.

> **BIENVENIDA**
El arzobispo Georg Gänswein, prefecto de la Casa Pontificia, da la bienvenida al Vaticano al presidente de los Estados Unidos.

A **SALUDO DE LA GUARDIA**
Un guardia suizo saluda al cortejo presidencial a la llegada de la comitiva al patio del Palacio Apostólico antes del encuentro.

> **REGALO CARITATIVO**
El presidente ofrece una caja de semillas de frutas y verduras para que se planten en el huerto del Vaticano, y sugiere que la cosecha se dé a la caridad.

ENCUENTRO CON OBAMA

EL PAPA SE REÚNE CON EL PRESIDENTE DE LOS ESTADOS UNIDOS

> DESPEDIDA DE LA GUARDIA SUIZA
La Guardia Suiza escolta el auto del presidente
Obama tras la reunión informal con el Papa en la
biblioteca privada del Palacio Apostólico.

∨ ASUNTOS INTERNACIONALES
Durante su reunión, que dura una hora, comentan la
situación internacional en relación con los derechos
humanos, la objeción de conciencia, la libertad religiosa,
el cambio climático y el tráfico de personas.

✝ LA CUARESMA ES TIEMPO DE PENITENCIA PARA LOS CRISTIANOS. EL PAPA ANIMA A APROVECHAR EL SACRAMENTO DE LA PENITENCIA Y LA RECONCILIACIÓN. EN MARZO DE 2014, INAUGURA LAS «24 HORAS PARA EL SEÑOR», CUANDO LAS IGLESIAS ROMANAS SE MANTIENEN ABIERTAS NOCHE Y DÍA PARA RECIBIR A LOS PENITENTES. EN LA AUDIENCIA GENERAL DEL 19 DE FEBRERO DE ESE AÑO, EL PAPA DICE QUE MUCHAS PERSONAS SE AVERGÜENZAN EN LA CONFESIÓN: «LA VERGÜENZA ES INCLUSO BUENA. ES SANO SENTIR ALGO DE VERGÜENZA; NOS HACE BIEN PORQUE NOS HACE MÁS HUMILDES».

> TIEMPO DE ARREPENTIMIENTO
«En el periodo de la Cuaresma, la Iglesia, en nombre de Dios, renueva la llamada a la conversión. Es la llamada a cambiar de vida», dice Francisco a los fieles.

ᐯ EL PERDÓN DE SAN PEDRO
«A quienes perdonen los pecados, les quedarán perdonados; a quienes no los perdonen, les quedarán sin perdonar», dice Jesús a San Pedro en el Evangelio.

> EL SEÑOR NOS ESPERA
«Nuestro Padre nos espera siempre, no nos deja sólo la puerta abierta, sino que nos espera, pues él espera a sus hijos», reza el papa Francisco.

24 HORAS PARA EL SEÑOR

EL PAPA FRANCISCO CONFIESA SUS PECADOS

▼ LOS PENITENTES SE CONFIESAN
Los penitentes hacen cola para confesar sus pecados
a alguno de los sacerdotes de San Pedro. El servicio
de penitencia se ofrece en miles de iglesias en todo
el mundo.

∧ SACRAMENTO CONFIDENCIAL
El papa Francisco atiende a un joven en el
Sacramento de la Penitencia y la Reconciliación.
El sacramento se mantiene completamente
confidencial entre el sacerdote y el penitente.

< CONFESIÓN DEL PAPA FRANCISCO
De camino al confesionario, el Papa ve un
sacerdote y decide de improviso confesar sus
propios pecados antes de escuchar las
confesiones de los penitentes.

ˇ **VIERNES SANTO**
El Viernes Santo de 2014, como parte de la Semana
Santa, el papa Francisco preside la celebración de la
Pasión del Señor en la Basílica de San Pedro, recordando
la crucifixión y muerte de Jesús.

En el calendario cristiano, la semana anterior a Pascua se conoce como la Semana Santa, y recuerda los últimos días de la vida de Jesús. Se abre el Domingo de Ramos, cuando los cristianos recuerdan la entusiasta bienvenida que Jesús recibió al entrar en Jerusalén antes de la Pascua. Sus seguidores cortaban ramas de palma y las colocaban en el suelo, otros tendían sus mantos a su paso. Al final de la semana, la exuberancia se había evaporado.

El Jueves Santo, la Iglesia conmemora la Última Cena y la traición a Cristo. Por la mañana, el Papa celebra la Misa Crismal, en la que se bendicen y consagran los aceites que se utilizan en los sacramentos del bautismo, la confirmación, la ordenación y la unción de los enfermos.

En su primer Jueves Santo como Papa, en 2013, Francisco rompe con la tradición de celebrar la misa solemne de la Cena del Señor en la Basílica de San Pedro, y en su lugar elige un centro de detención de menores en el Casal del Marmo. Durante el lavado ritual de pies, se arrodilla para lavar los de doce jóvenes delincuentes. Al año siguiente, la misa de la Cena del Señor tiene lugar en el centro de rehabilitación de ancianos y discapacitados de Nuestra Señora de la Providencia.

Los cristianos dedican tradicionalmente el Viernes Santo a la oración y al ayuno. Recuerdan así el día en que Jesús fue crucificado y murió. En la Basílica de San Pedro, el papa Francisco preside la liturgia de la tarde, durante la que se lee el relato de la pasión y muerte de Jesús, se venera el crucifijo y se da la Sagrada Comunión. Esa tarde, el papa Francisco va a la antigua arena de Roma, el Coliseo, donde sigue el Vía Crucis (camino de la cruz) con los miles de personas allí reunidas.

El silencio marca el Sábado Santo, el día en que Cristo estuvo en el sepulcro. Por la noche, el papa Francisco dirige la Vigilia de Pascua en la Basílica de San Pedro, una misa en la que se enciende el cirio pascual y se proclama la Pascua. El Papa también administra el sacramento del bautismo.

El Domingo de Pascua, cientos de miles de personas se reúnen en la plaza de San Pedro para celebrar la misa con el papa Francisco. Posteriormente, el pontífice imparte la tradicional bendición *Urbi et Orbi* (A la ciudad y al mundo) desde el balcón principal, en la fachada de la basílica.

ˆ **HUMILDAD**
El papa Francisco se postra ante el Altar
Mayor en una muestra de humildad en
la celebración de la Pasión del Señor el
Viernes Santo.

˃ **ESCUDO DE ARMAS**
El Papa da la tradicional bendición del
Domingo de Pascua, el *Urbi et Orbi*, desde
el balcón de San Pedro. El enorme
estandarte muestra su escudo de armas.

ABRIL

SEMANA SANTA Y PASCUA

MISERANDO ATQUE ELIGENDO

LA FECHA DE CELEBRACIÓN DE LA PASCUA CAMBIA CADA AÑO. EN OCCIDENTE SE CELEBRA DESDE EL SIGLO IV EL PRIMER DOMINGO TRAS LA LUNA LLENA POSTERIOR AL EQUINOCCIO DE PRIMAVERA. EL DOMINGO DE RAMOS MARCA EL INICIO DE LA SEMANA SANTA, QUE DURA HASTA LA PASCUA. EN ESA SEMANA, LOS CRISTIANOS REMEMORAN LOS ÚLTIMOS DÍAS DE LA VIDA DE JESÚS. LA PLAZA DE SAN PEDRO CONGREGA A UNA MULTITUD QUE QUIERE ESCUCHAR UN PASAJE DEL EVANGELIO PARA IR DESPUÉS A UNA PROCESIÓN CON PALMAS A LA BASÍLICA, EN CUYA ESCALINATA CELEBRA MISA EL PAPA.

DOMINGO DE RAMOS

CELEBRACIÓN DE LA LLEGADA DE JESÚS A JERUSALÉN

➤ SALUDO A LOS CARDENALES
El papa Francisco saluda a los cardenales cuando se reúnen antes de la misa del Domingo de Ramos.

⋁ PROCESIÓN DE RAMOS
Miles de personas se reúnen en la plaza de San Pedro durante la procesión del Domingo de Ramos para recordar la llegada de Jesús a Jerusalén.

⋀ ATENTO AL EVANGELIO
En la misa se lee un fragmento del Evangelio que narra la pasión y la muerte de Jesús. El papa Francisco escucha atentamente, con la cabeza inclinada.

⋁ LLEGADA A LA MISA
El papa Francisco lleva una rama de palma trenzada y se acerca a la Basílica de San Pedro, donde celebrará la misa del Domingo de Ramos.

ᵛ **PROCESIÓN DE CARDENALES**
Los cardenales llevan ramas de palma en su procesión
hacia el altar de San Pedro, para la misa. Las palmas
recuerdan la bienvenida dispensada a Jesús por la multitud,
que agitaba ramas de palma a su entrada a Jerusalén.

✝ EN LA MAÑANA DEL JUEVES SANTO, LOS OBISPOS DIOCESANOS DE TODO EL MUNDO SE REÚNEN
CON LOS SACERDOTES Y LOS FIELES EN LA CATEDRAL PARA CELEBRAR LA MISA CRISMAL. EN ELLA, SE
BENDICE EL ACEITE QUE SE USARÁ DURANTE EL AÑO PARA LA ADMINISTRACIÓN DE LOS SACRAMENTOS,
Y OBISPOS, SACERDOTES Y DIÁCONOS RENUEVAN LOS VOTOS QUE HICIERON AL SER ORDENADOS.
EN ROMA, EL PAPA SE REÚNE EN LA BASÍLICA DE SAN PEDRO CON LOS FIELES DE LA DIÓCESIS, Y CON
CIENTOS DE SACERDOTES PARROQUIALES Y SEMINARISTAS.

JUEVES SANTO

CELEBRACIÓN DE LA MISA CRISMAL

> **JARRA DE ACEITE**
Los diáconos llevan una jarra
de aceite de oliva, que el papa
Francisco bendecirá durante
la Misa Crismal.

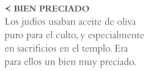

< **BIEN PRECIADO**
Los judíos usaban aceite de oliva
puro para el culto, y especialmente
en sacrificios en el templo. Era
para ellos un bien muy preciado.

∧ **MISA BAJO LA CÚPULA**
Obispos y sacerdotes se acomodan en la Basílica
de San Pedro antes de que empiece la Misa
Crismal, que se celebra bajo la gran cúpula
concebida por Miguel Ángel.

∧ **BENDICIÓN DE LA JARRA DE ACEITE**
El papa Francisco bendice una jarra de aceite,
antes de añadirle bálsamo aromático. En la
tradición judía, los monarcas, sacerdotes y profetas
eran ungidos con aceite perfumado.

▼ SAGRADA COMUNIÓN

Los clérigos se dirigen al Altar Mayor para
la Sagrada Comunión. Las tres vasijas de
plata contienen aceite para la administración
de los sacramentos en Roma.

EL JUEVES SANTO DE 2013, EL PAPA CELEBRA LA MISA VESPERTINA DE LA CENA DEL SEÑOR EN UN CENTRO DE MENORES EN ROMA. SI BIEN ES SU PRIMER JUEVES SANTO COMO PAPA, FRANCISCO CONTINÚA CON UNA PRÁCTICA QUE HA MANTENIDO DURANTE DOS DÉCADAS EN BUENOS AIRES. SIGUIENDO EL EJEMPLO DE JESÚS EN LA SANTA CENA, EL PAPA LAVA LOS PIES DE DOCE JÓVENES DE ENTRE 14 Y 21 AÑOS DE EDAD, ENTRE LOS QUE HAY UNA CHICA MUSULMANA. «ES UN DEBER QUE VIENE DEL CORAZÓN [...] Y AMO HACERLO PORQUE EL SEÑOR ASÍ ME LO HA ENSEÑANDO», EXPLICA.

LAVATORIO DE LOS PIES
UN ACTO DE HUMILDAD

∨ ACTO DE HUMILDAD
Como Jesús en la Última Cena, el Papa se arrodilla para lavar los pies de los jóvenes del centro de internamiento Casal del Marmo, de Roma, el Jueves Santo de 2013.

◄ CARICIA DE JESÚS
«Este signo es una caricia de Jesús, porque Jesús ha venido para servir, para ayudarnos», dice el Papa a los jóvenes, muchos de los cuales son africanos o de países del Este.

∨ MISA EN CASAL DEL MARMO
«¿Qué significa? Que debemos ayudarnos los unos a los otros. Ayudarse unos a otros: esto es lo que Jesús nos enseña», dice el papa Francisco.

EL VIERNES SANTO ES UNO DE LOS DÍAS MÁS SOLEMNES DEL CALENDARIO CRISTIANO. ES CUANDO LOS CRISTIANOS MEDITAN SOBRE EL SUFRIMIENTO Y LA MUERTE DE JESÚS CRUCIFICADO. ES UN DÍA DE PLEGARIA Y AYUNO. LAS IGLESIAS DE TODO EL MUNDO ACOGEN A LOS CATÓLICOS, QUE SE REÚNEN PARA ESCUCHAR PASAJES DEL EVANGELIO SEGÚN SAN JUAN EN LOS QUE SE RECUERDAN LAS ÚLTIMAS HORAS DE LA VIDA DE JESÚS. EN LA SEGUNDA PARTE DE LA LITURGIA, LOS CATÓLICOS RECIBEN LA SAGRADA COMUNIÓN Y ABANDONAN EN SILENCIO EL LUGAR DE CULTO.

> COMIENZA LA CEREMONIA
La ceremonia de celebración de la Pasión de Cristo comienza en silencio cuando el papa Francisco es ayudado a tenderse en el suelo, donde se postra ante el Altar Mayor.

VIERNES SANTO
RECUERDO DE LA PASIÓN DE CRISTO

❯ RECUERDO DE LA CRUCIFIXIÓN

El papa sostiene un crucifijo para que los presentes recuerden el momento de la muerte de Jesús. Éstos besan también los pies de la imagen, en gesto de arrepentimiento.

❮ PRÉDICA FRANCISCANA

El fraile franciscano Raniero Cantalamessa hace una prédica de meditación durante la ceremonia del Viernes Santo.

∧ CEREMONIA SILENCIOSA

El servicio comienza en silencio, sin acompañamiento de música religiosa, cuando el papa Francisco se postra.

▲ CALLADA PLEGARIA
El papa Francisco se postra en el suelo ante el Altar Mayor de la Basílica de San Pedro al inicio de la ceremonia del Viernes Santo. Dirige entonces a la congregación en una callada plegaria.

CADA AÑO EN VIERNES SANTO LOS FIELES SE REÚNEN EN EL COLISEO DE ROMA PARA LA PLEGARIA DEL VÍA CRUCIS, EL CAMINO DE LA CRUZ. EL PAPA PARTICIPA EN EL SERVICIO DE LA PLEGARIA, QUE MARCA LAS CATORCE ESTACIONES DE LA CRUZ, EN RECUERDO DE LOS DOS ÚLTIMOS DÍAS DE LA VIDA DE JESÚS Y DE SU CRUCIFIXIÓN. EL GRAN ANFITEATRO FUE UN LUGAR POPULAR DE ENTRETENIMIENTO PARA LOS ANTIGUOS ROMANOS, QUE SE REUNÍAN ALLÍ PARA VER LUCHAR A LOS GLADIADORES, ENTRE SÍ Y CONTRA ANIMALES EXÓTICOS TRAÍDOS DE DISTINTOS LUGARES DEL IMPERIO ROMANO.

➤ PLEGARIAS E HIMNOS
Con himnos y plegarias, los fieles meditan sobre el sufrimiento de Jesús cuando fue condenado a morir crucificado en Jerusalén.

Y MEDITACIONES
Cada año se invita a un escritor espiritual a componer una colección de meditaciones, que ayudan a los peregrinos a considerar la pasión de Jesús.

VÍA CRUCIS

PROCESIÓN DE ANTORCHAS POR LAS ESTACIONES DE LA CRUZ

< **ALCANCE GLOBAL**

A Roma llegan personas de todo el mundo para las ceremonias de Semana Santa, que comienzan el Domingo de Ramos y terminan una semana después, el Domingo de Pascua.

∨ **BENDICIÓN A LA MULTITUD**

El papa Francisco bendice a la multitud reunida en el Coliseo de Roma cuando el Vía Crucis llega a su fin.

∧ **DE PAGANO A CRISTIANO**

A lo largo de los siglos, la fachada del anfiteatro se usó como cantera, de la que se extraía mármol para usarlo en la construcción de algunos de los edificios destacados de Roma: iglesias, hospitales, palacios...

> **CRUZ DE CANDELAS**

Ante una reluciente cruz de velas, el papa Francisco se inclina para escuchar las meditaciones y las plegarias que acompañan cada una de las estaciones del Vía Crucis.

111

LA VIGILIA PASCUAL ES UN MOMENTO DESTACADO DEL AÑO LITÚRGICO. EN ALGUNOS LUGARES DEL MUNDO, LA VIGILIA COMIENZA AL ANOCHECER DEL SÁBADO SANTO Y TERMINA AL AMANECER DEL DOMINGO DE PASCUA. EN LA PRIMERA PARTE DE LA CEREMONIA, SE PRENDE EL CIRIO PASCUAL Y SE CANTA EL *EXULTET* O PREGÓN PASCUAL. AL INICIARSE LA MISA, LOS FIELES ESCUCHAN PASAJES DE LAS ESCRITURAS. DURANTE LA VIGILIA, ES FRECUENTE QUE SE RECIBA A LOS CATECÚMENOS, QUE SE PREPARAN PARA ENTRAR EN LA IGLESIA, Y VARIAS PERSONAS RECIBEN EL BAUTISMO.

› FUEGO PASCUAL

En el atrio de San Pedro se bendice el fuego pascual. El himno pascual, el *Exultet*, alaba a Cristo por disipar la oscuridad causada por el temor y el pecado.

ⅴ LUCES BAJAS

La iluminación se atenúa mientras la congregación espera a que la ceremonia comience. El Altar de la Cátedra, de Bernini, puede verse en la distancia.

⋀ PALABRAS DEL *EXULTET*

«Alégrese también nuestra madre la Iglesia, revestida de luz tan brillante; resuene este templo con las aclamaciones del pueblo...»

SÁBADO SANTO
VIGILIA PASCUAL

< PREPARACIÓN AL BAUTISMO
Se bendice el agua para prepararla
para el bautismo. El diácono hace
bajar a la fuente el cirio pascual, que
está decorado con una imagen de
Jesús resucitado.

∧ UNCIÓN
Tras ser bautizado, un hombre recibe en la frente
la unción con el aceite de los catecúmenos. Su
padrino mantiene la mano sobre su hombro.

△ CRISTIANOS COMPROMETIDOS
En la Vigilia Pascual, los sacerdotes, llevando cirios encendidos, y miembros de la congregación son invitados a recordar su bautismo y a renovar su compromiso de seguir una vida cristiana plena.

LA SEMANA SANTA CULMINA EN EL DOMINGO DE PASCUA. ES LA FESTIVIDAD MÁS IMPORTANTE DEL CALENDARIO CRISTIANO, Y SE CELEBRA CON GRAN ALEGRÍA, PUES CONMEMORA LA RESURRECCIÓN DE JESÚS DESPUÉS DE SU MUERTE. CIENTOS DE PERSONAS SE AGOLPAN EN LA PLAZA DE SAN PEDRO PARA ASISTIR A LA MISA DE PASCUA, QUE EL PAPA CELEBRA EN LA ESCALINATA DE SAN PEDRO, Y SACERDOTES Y DIÁCONOS DISTRIBUYEN LA SAGRADA COMUNIÓN A LOS FIELES DE LA PLAZA. DESDE EL BALCÓN DE LA BASÍLICA EL PAPA PRONUNCIA SU TRADICIONAL SERMÓN DE PASCUA Y DA SU BENDICIÓN *URBI ET ORBI*.

> ORACIÓN A MARÍA
«Reina del cielo alégrate; aleluya. Porque el Señor a quien has merecido llevar; aleluya. Ha resucitado según su palabra; aleluya. Ruega al Señor por nosotros; aleluya.»

ꓦ ALCANCE GLOBAL
La ceremonia en San Pedro da una idea del alcance global del catolicismo, con fieles de todo el mundo que acuden en peregrinación hasta el sepulcro del apóstol.

DOMINGO DE PASCUA
TIEMPO DE CELEBRACIÓN

BANDAS MILITARES

Las bandas de las Fuerzas Armadas italianas se reúnen en la plaza de San Pedro para dar un saludo oficial al Papa en las ceremonias de Navidad y Pascua.

MISA AL AIRE LIBRE

La procesión sale de San Pedro. Como la iglesia no puede acoger a la multitud, la misa se celebra en la escalinata.

ANTIGUO ICONO

Al inicio de la misa, una copia moderna de un antiguo icono griego de Bizancio, que muestra a Jesús resucitado, se abre para situarlo junto al Altar Mayor en la escalinata de la Basílica de San Pedro.

OFRENDA FLORAL

Cada año, un país distinto obsequia al Papa con las flores que decoran el exterior del santuario en la misa del Domingo de Pascua.

< LATÍN Y GRIEGO

El Domingo de Pascua, dos diáconos cantan el Evangelio en latín y en griego, simbolizando la conexión entre los católicos de Oriente y Occidente. Tras ello, el Papa venera el Evangelio.

▲ INCENSACIÓN DEL CIRIO PASCUAL

Frente a los cientos de miles de fieles de la plaza de San Pedro, el papa Francisco inciensa el cirio Pascual, que se enciende en la Vigilia de Pascua y se usa en todas las misas durante los cincuenta días de Pascua.

< HOSTIA CONSAGRADA
Los sacerdotes sostienen copones
llenos de hostias sagradas, que se
consagran durante la misa, y sacerdotes
y diáconos distribuyen a los fieles
congregados en la plaza de San Pedro.

✝ EL 27 DE ABRIL DE 2014 EL PAPA PRESIDIÓ LA HISTÓRICA CANONIZACIÓN DE DOS DE SUS PREDECESORES. EL POPULARÍSIMO PAPA JUAN XXIII (1958-1963) CONVOCÓ EL CONCILIO VATICANO SEGUNDO Y TRABAJÓ A FAVOR DE LA UNIDAD ENTRE LOS CRISTIANOS. EL POLACO JUAN PABLO II (1978-2005) TRANSFORMÓ EL PAPADO MODERNO EN SUS 26 AÑOS DE PONTIFICADO. LA CEREMONIA EN LA PLAZA DE SAN PEDRO FUE INÉDITA, PUES FUE CELEBRADA POR EL PAPA FRANCISCO JUNTO CON SU INMEDIATO PREDECESOR, EL PAPA EMÉRITO BENEDICTO.

ᵛ PAPA JUAN PABLO II
Miles de polacos viajan a Roma para la ceremonia de canonización del papa Juan Pablo II, de origen polaco.

ᵛ PAPA JUAN XXIII
Los italianos guardan un gran cariño hacia el papa Juan XXIII, recordado por su sencilla piedad y su sentido del humor.

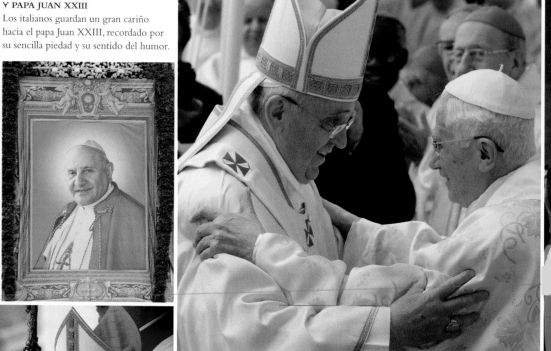

ᴧ CÁLIDA RELACIÓN
Al inicio de la misa, el papa Francisco saluda al papa emérito Benedicto. Ambos han establecido una relación muy cálida y se visitan con regularidad e intercambian consejos.

› CIRCUNSTANCIA ESPECIAL
El papa emérito toma asiento en la basílica antes de la ceremonia de canonización. Se da la especial circunstancia de que conoció tanto al papa Juan XXIII como al papa Juan Pablo II.

‹ FESTIVIDADES
El papa Francisco decreta que la Iglesia celebre las festividades de San Juan XXIII el 11 de octubre, y de San Juan Pablo II el 2 de abril.

CANONIZACIÓN DE PAPAS
SAN JUAN XXIII Y SAN JUAN PABLO II

> RELIQUIAS PAPALES
Reliquias de los dos papas son llevadas al altar en sendos contenedores de plata.

∨ RECUERDO
El papa Francisco recuerda durante la misa que «San Juan Pablo II, una vez, dijo que así le habría gustado ser recordado, como el Papa de la familia».

< EMISIÓN
Tras proclamar el Evangelio, Francisco bendice a los congregados en la plaza de San Pedro. La ceremonia se emite a través de grandes pantallas dispuestas en distintos espacios públicos de Roma.

▼ **MULTITUD JUBILOSA**
Los peregrinos llegan días antes de la ceremonia de
canonización de los papas Juan XXIII y Juan Pablo II.
Muchos de ellos duermen en las calles a fin de
asegurarse un lugar en la plaza de San Pedro.

< **UNA IGLESIA QUE CRECE**
El papa Juan Pablo II fue el pontífice de la historia que más viajó, y manifestaba una particular fascinación por África, donde la Iglesia se expande con rapidez.

> **ALEGRES SEMINARISTAS**
Seminaristas procedentes de Latinoamérica, donde se encuentra el 40% de los católicos del mundo, muestran su alegría en la jubilosa atmósfera reinante.

∧ **ELABORADO RITUAL**
Aunque la liturgia se ha simplificado a lo largo de las últimas décadas, las grandes ceremonias como ésta mantienen aún un elaborado ritual y coloridas vestimentas.

> **RICA HISTORIA**
Su origen polaco permitió al papa Juan Pablo II comprender mejor que sus predecesores las ricas tradiciones históricas de la cristiandad oriental.

▲ **POLACOS**

Asisten muchos más polacos que italianos a la doble ceremonia de canonización. Muchos de ellos atribuyen en parte la caída de la cortina de hierro al papa Juan Pablo II.

A medida que el clima se suaviza en Italia, aumenta el número de visitantes que llegan a Roma. La cantidad de personas que asisten a las audiencias generales del Papa es mayor cada semana durante la primavera. El inicio del verano es también una época muy popular para las excursiones escolares. A los estudiantes que visitan Roma les gusta tanto como al resto de visitantes asistir a alguna de las apariciones públicas del Papa en el Vaticano.

La temporada de Pascua termina con la fiesta de Pentecostés, que se celebra cincuenta días después del Domingo de Pascua, en mayo o a principios de junio. Con el fin de la Cuaresma, el Papa retoma su rutina habitual, y su día se desarrolla con reuniones en la Casa Santa Marta y el Palacio Apostólico.

Si bien decidió no vivir en el suntuoso Palacio Apostólico, obra de Doménico Fontana, el papa Francisco recibe a los jefes de Estado y otras visitas importantes en la Biblioteca Apostólica. Estos distinguidos visitantes llegan en auto tras cruzar las puertas del Santo Oficio, a un lado de la plaza de San Pedro; circundan por detrás la basílica y entran en el Patio de San Dámaso, donde la Guardia Suiza les da la bienvenida.

El prefecto de la Casa Pontificia acompaña a los visitantes a la biblioteca, donde se reúnen con el Papa, que les dedica hasta una hora. Tras el protocolario intercambio de regalos, los invitados visitan al cardenal secretario de Estado.

Cada año, en mayo, distintas cofradías hacen sus viajes anuales a Roma. Estas organizaciones se crearon en la época medieval para cuidar de enfermos y moribundos. La diversidad de grupos, como la Legión de María, fundada en Irlanda por Frank Duff; el Movimiento de los Focolares, fundado en Italia por Chiara Lubich, o la Renovación Carismática, da muestra del amplio abanico de tradiciones católicas.

Roma es la sede de numerosas universidades e institutos católicos. Al finalizar sus estudios, los seminaristas son ordenados sacerdotes. Como obispo de Roma, el papa Francisco preside algunas de las ordenaciones de su diócesis.

Mayo es también el mes de devoción popular por la Virgen. Concluye con la fiesta de la Visitación de la Virgen María a Isabel, su prima. El papa Francisco se une a los peregrinos en su procesión a la gruta de Nuestra Señora de Lourdes, en los jardines del Vaticano. Allí, el Papa y los fieles entonan himnos en honor de la Virgen.

< COFRADÍAS

Decenas de miles de miembros de cofradías católicas –grupos de oración y otras entidades caritativas que se dedican a cuidar a los enfermos– se reúnen para celebrar misa en la plaza de San Pedro.

> FIDELIDAD AL PAPA

En una vistosa ceremonia que tiene lugar el 6 de mayo, los nuevos miembros de la Guardia Suiza juran fidelidad al servicio del Papa y los cardenales.

Y PRIVILEGIO

Es un privilegio prepararse para el sacerdocio en uno de los seminarios internacionales de Roma y, en algunos casos, ser ordenado por el Papa.

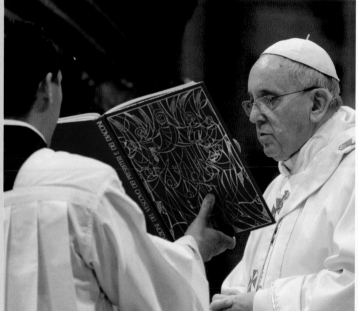

MAYO

COFRADÍAS Y DEVOCIÓN

UNO DE LOS ELEMENTOS DESTACADOS DEL CATOLICISMO ES EL NÚMERO DE COFRADÍAS ESPIRITUALES DEDICADAS A LA PLEGARIA Y A LA CARIDAD, ESPECIALMENTE EL CUIDADO DE ENFERMOS. ORGANIZACIONES COMO LA LEGIÓN DE MARÍA O LA SOCIEDAD DE SAN VICENTE DE PAÚL, QUE AYUDAN ESPIRITUAL Y MATERIALMENTE A LAS PERSONAS, ESTÁN PRESENTES EN MUCHAS PARROQUIAS. LAS PROCESIONES ORGANIZADAS POR COFRADÍAS SON UNA EXPRESIÓN POPULAR DE LA PIEDAD. EL 5 DE MAYO DE 2013, UNA PROCESIÓN A LA PLAZA DE SAN PEDRO CULMINA CON UNA MISA CELEBRADA POR EL PAPA.

ᴧ TRADICIÓN MEDIEVAL
Muchas cofradías tienen su origen en la Edad Media, y llevan en sus procesiones trabajadas imágenes y crucifijos.

‹ PREPARACIÓN PARA LA MISA
Miembros de una cofradía se preparan para la misa con el Papa. Antiguamente, las cofradías competían entre ellas por la ornamentación de sus imágenes.

ᴧ EXHORTACIÓN
En la misa en la plaza de San Pedro, el papa Francisco insta a las más de 100 000 personas congregadas a ser «misioneros del amor y de la ternura de Dios».

COFRADÍAS
GRUPOS RELIGIOSOS DE TODO EL MUNDO

⋎ SAGRADA COMUNIÓN

Los participantes en cada misa ofrecen pan y vino para la eucaristía, que para los católicos constituye la presencia de Jesucristo resucitado.

⋗ A PESAR DE LA LLUVIA

Tras la misa, y pese al tiempo desapacible, el papa Francisco agradece a los organizadores de la misa y saluda a la multitud.

⋏ ESTANDARTE

Miembros de la cofradía llevan un gran estandarte que representa a San Pedro con Cristo resucitado. Al papa Francisco le gusta mucho la devoción popular.

⋗ GUARDIA TRADICIONAL

La Guardia Suiza, aquí con capa de lluvia, está entrenada para el control de multitudes y está presente cada vez que el Papa aparece en público.

EL 6 DE MAYO DE CADA AÑO SE INCORPORAN NUEVOS MIEMBROS A LA GUARDIA SUIZA PONTIFICIA, EN UNA VISTOSA CEREMONIA. ESTA FECHA RECUERDA EL DÍA DE 1527 EN EL QUE 147 DE UN TOTAL DE 189 GUARDIAS SUIZOS FUERON MASACRADOS CUANDO DEFENDÍAN AL PAPA CLEMENTE VII DE LAS TROPAS DEL REY CARLOS I DE ESPAÑA. EL PAPA LOGRÓ ESCAPAR Y REFUGIARSE EN EL VECINO CASTILLO DE SANT'ANGELO. EL SACO DE ROMA SE PROLONGÓ DURANTE UNA SEMANA. LOS PONTÍFICES POSTERIORES RECOMPENSARON LA FIDELIDAD DE LA GUARDIA SUIZA, MANTENIENDO SUS SERVICIOS.

LA GUARDIA SUIZA
EL EJÉRCITO VATICANO

◣ LLAMADA DE ATENCIÓN
Tres trompeteros reclaman la atención de los invitados al inicio de la ceremonia en el Patio de San Dámaso, en el Palacio Apostólico.

∨ ESCUDO DE ARMAS

El casco de la Guardia Suiza lleva el escudo de armas del papa Julio II, de la familia Della Rovere, quien contrató a estos guardias mercenarios en 1506.

∧ UNIFORME DE BATALLA

El actual uniforme rojo, amarillo y azul fue diseñado en 1914, inspirado en la indumentaria del siglo XVI. El peto recuerda las armaduras de esa época.

< VISTOSA ARMADURA

La armadura decorada del comandante de la Guardia Suiza es una de las más elaboradas y vistosas del Cuerpo Pontificio.

△ UNIFORME DE GALA
En las ocasiones solemnes, los guardias
visten su uniforme de gala, que incluye
la coraza de metal y el casco con plumas
de avestruz.

⌄ JERARQUÍA DE COLOR

Los nuevos alabarderos se distinguen por sus plumas rojas. El uniforme pesa 3,5 kilos. Cuando hace mal tiempo, visten una capa de sarga o algodón.

⟩ ACOMPAÑAMIENTO MUSICAL

Además de sus tareas de guardia, algunos miembros de la Guardia Suiza tocan instrumentos e interpretan música en las ceremonias.

⌃ PASE DE REVISTA

El comandante de la Guardia Suiza, que viste su uniforme de gala, acompaña al capellán para pasar revista a los nuevos miembros de la Guardia de Honor.

< AYUDA DIVINA
Uno de los nuevos guardias levanta dos dedos y el pulgar de su mano derecha al tiempo que invoca a Dios Padre, su Hijo y el Espíritu Santo en la ceremonia de juramento.

ʌ JURAMENTO DE LEALTAD

En su juramento de lealtad, los nuevos guardias suizos juran «servir al Supremo Pontífice Francisco y a sus legítimos sucesores con fe, lealtad y honor».

ʌ OPORTUNIDADES

Para los nuevos miembros de la Guardia Suiza, pasar unos años en Roma ofrece oportunidades extraordinarias. Muchos establecen amistades para toda la vida.

✝ COMO SÍMBOLO DE LA UNIVERSALIDAD DE LA IGLESIA CATÓLICA, VARIOS MILES DE SEMINARISTAS ESTUDIAN EN ROMA PARA CONVERTIRSE EN SACERDOTES EN ALGUNA DE LAS NUMEROSAS UNIVERSIDADES PONTIFICIAS. TRAS SU ORDENACIÓN, LA MAYORÍA DE ELLOS REGRESA A SU DIÓCESIS O SU CONGREGACIÓN RELIGIOSA, O BIEN SE CONVIERTEN EN MISIONEROS. ALGUNOS SE QUEDAN EN ROMA PARA SEGUIR ESTUDIOS DE POSGRADO. EN 2014, HABÍA EN TODO EL MUNDO 57 924 SEMINARISTAS, DE LOS QUE UNA PEQUEÑA PARTE ESTUDIABA EN ROMA.

⋀ MISA DE ORDENACIÓN
Al final del año académico, a principios de verano, el Papa ordena a un grupo de seminaristas en la Basílica de San Pedro.

＞ INCENSADO DEL ALTAR
La misa en San Pedro, donde según la tradición está enterrado el santo, comienza cuando el Papa inciensa la imagen de María en el Altar Mayor.

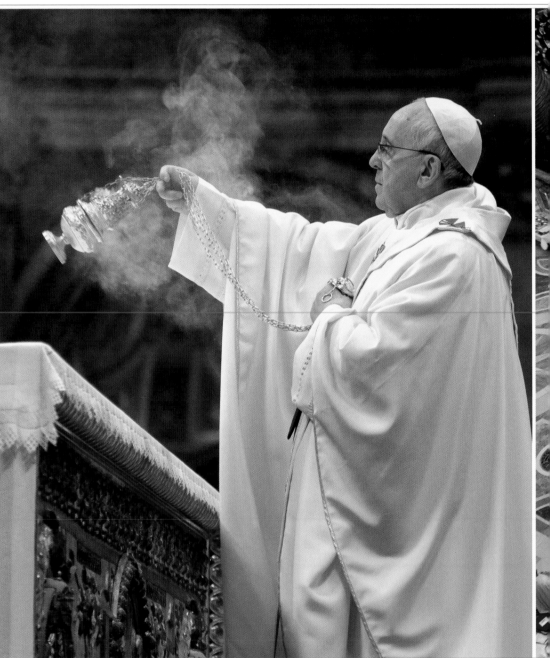

ORDENACIÓN
DE SEMINARISTA A SACERDOTE

ADVOCACIÓN A LOS SANTOS
El papa Francisco dirige la Letanía de
los Santos, una invocación cantada por
la congregación para la bendición y la
protección de los candidatos.

SEÑAL DE OBEDIENCIA
Antes del Rito de Ordenación, los
candidatos se preparan para hacer sus
votos postrándose en el suelo en señal
de obediencia al Papa.

JUBILOSA CELEBRACIÓN
Los años de seminario cimientan
grandes amistades. Colegas, profesores
y pastores de Roma o del propio lugar
de origen se unen a la celebración.

A LETANÍA DE LOS SANTOS

Desde tiempos antiguos, la Letanía de los
Santos se canta en las liturgias importantes.
La congregación responde a cada invocación
con las palabras: «¡Ruega por nosotros!».

> **FOTO EN LA PIEDAD**
Sacerdotes de todo el mundo recién
ordenados posan con el Papa en la
Capilla de la Piedad, al final de la
ceremonia.

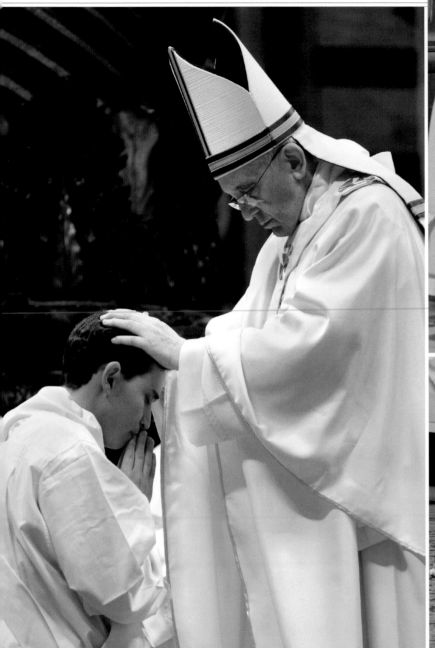

∧ IMPOSICIÓN DE MANOS
Siguiendo la antigua tradición de la ordenación
sacerdotal, el obispo de Roma pone sus manos
sobre el candidato, al tiempo que invoca la
bendición de Dios para el nuevo sacerdote.

∧ COMPROMISO DE CELIBATO
Antes de su ordenación, los candidatos
se arrodillan en callada plegaria y
afirman públicamente su compromiso
de celibato y su obediencia al obispo.

⋀ INVESTIDOS CON LA CASULLA
Justo después de ser ordenados por el
Papa, los nuevos sacerdotes son investidos
con la casulla, el hábito que vestirán
durante la celebración de la misa.

⋀ BENDICIÓN DE LOS SACERDOTES
A continuación de la ceremonia, el papa
Francisco bendice a cada uno de los
jóvenes sacerdotes y besa su mano en
señal de reverencia por su nuevo estado.

CON EL AUMENTO DE PEREGRINOS A LO LARGO DEL SIGLO XX, LOS PAPAS COMENZARON A CELEBRAR AUDIENCIAS GENERALES. HOY SON YA PARTE INTEGRANTE DEL CALENDARIO PAPAL. FRANCISCO NO FALTA NUNCA A UNA AUDIENCIA, QUE CELEBRA TODOS LOS MIÉRCOLES, SALVO CUANDO ESTÁ DE VIAJE EN UNA VISITA PAPAL O EN CASO DE ENFERMEDAD. SABE QUE SON MUY IMPORTANTES PARA QUIENES HAN VIAJADO UNA LARGA DISTANCIA PARA ESTAR PRESENTES. LAS PERSONAS CON ALGUNA DISCAPACIDAD SE SITÚAN SIEMPRE EN LAS PRIMERAS FILAS, Y EL PAPA PUEDE SALUDARLAS PERSONALMENTE.

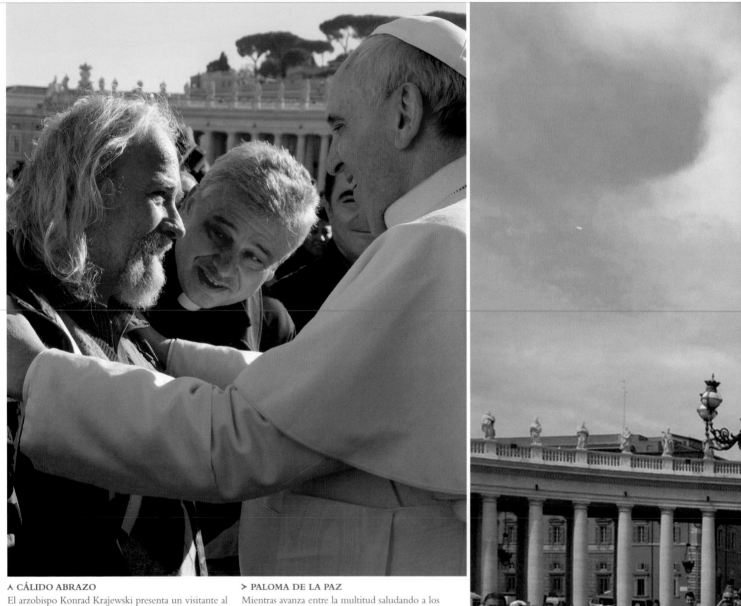

ʌ CÁLIDO ABRAZO
El arzobispo Konrad Krajewski presenta un visitante al Papa, quien ha extendido el papel del limosnero papal, y ha hecho disponer duchas, barbero y un mostrador de comida en un rincón de la Basílica de San Pedro.

> PALOMA DE LA PAZ
Mientras avanza entre la multitud saludando a los peregrinos, el papa Francisco es obsequiado con una paloma, símbolo bíblico de la paz.

AUDIENCIA GENERAL
CONTACTO CON LA GENTE

> **AUDIENCIA PÚBLICA**
«Lo disfruto en un sentido humano y espiritual, las dos cosas. La gente me hace bien, me tira buena onda, como se dice», comenta el Papa sobre las audiencias.

< **PULGAR LEVANTADO**
El papa Francisco conecta muy bien con la gente. Su pulgar levantado es signo de su personalidad.

A PRINCIPIOS DEL VERANO, UNOS 500 NIÑOS Y NIÑAS DE NÁPOLES LLEGAN EN TREN AL VATICANO PARA VISITAR AL PAPA, EN UNA INICIATIVA CON NIÑOS EN RIESGO DE ABANDONAR LA ESCUELA. EL PAPA LES DA LA BIENVENIDA EN LA SALA DE AUDIENCIAS. ELLOS LE LLEVAN TIERRA DE LAS CATACUMBAS DE NÁPOLES, Y TAMBIÉN UNA PLANTA. «¿TODOS NOSOTROS TENEMOS LA POSIBILIDAD DE ENCONTRAR LA LUZ?», LES PREGUNTA EL PAPA EN REFERENCIA A LA OSCURIDAD DE LAS CATACUMBAS. UNA NIÑA GRITA: «¡SÍ!». FRANCISCO LE PIDE QUE GRITE MÁS FUERTE, PARA QUE TODOS LA OIGAN, Y ELLA ASÍ LO HACE.

A VER AL PAPA
Los niños están muy emocionados cuando el Papa se encuentra con ellos en la Sala de Audiencias y les pregunta cómo se llaman y de dónde vienen.

< RAMO DE MARGARITAS
Cuando los niños bajan del tren, una chica le obsequia al Papa un ramo de margaritas. Sus colores, blanco y amarillo, son también los de la bandera vaticana.

EL TREN DE LOS NIÑOS
VISITA DE LOS NIÑOS Y NIÑAS DE NÁPOLES

Muchos niños llevan cartas y tarjetas para el papa Francisco, y todos quieren una foto como recuerdo de ese día especial en Roma.

< TIERRA DE LAS CATACUMBAS
Uno de los niños le obsequia al Papa una pequeña vasija de terracota que contiene tierra de las catacumbas de San Genaro, que datan del siglo III.

⋏ EMOTIVA DESPEDIDA
Tras el encuentro con el Papa, los niños visitan el Vaticano, aunque algunos lamentan que Francisco no pueda acompañarlos.

EL ÚLTIMO DÍA DE MAYO, LOS CATÓLICOS CELEBRAN LA FIESTA DE LA VISITACIÓN, QUE RECUERDA ✝ LA VISITA QUE LA VIRGEN HIZO A ISABEL, EN LA QUE INFORMÓ A SU PRIMA DE QUE ESTABA EMBARAZADA. AL ANOCHECER, LOS PEREGRINOS ACOMPAÑAN AL PAPA EN UNA PROCESIÓN DE LÁMPARAS A TRAVÉS DE LOS JARDINES DEL VATICANO HASTA UNA RÉPLICA DE LA GRUTA DE LOURDES. ENTRE LOS INVITADOS DE HONOR HAY ENFERMOS Y DISCAPACITADOS, POR LOS QUE EL PAPA TIENE GRAN SIMPATÍA. ÉL RECUERDA A TODOS LOS PRESENTES SU DEBER DE AYUDAR A QUIENES LO NECESITAN.

LA VISITACIÓN

CELEBRACIÓN DE LA VISITA DE MARÍA A ISABEL

⋏ AVE MARIA
Al final de la procesión, la banda de la Gendarmería Papal acompaña a los presentes mientras cantan el celebrado himno de Lourdes, el *Ave Maria*.

> GRUTA DE LOURDES
El Papa bendice la réplica de la gruta de Lourdes, en los jardines del Vaticano, un regalo del pueblo de Lourdes al papa León XIII el 1902.

< CONTACTO PERSONAL
«Yo suelo dirigir la vista a las personas concretas, una a una, y ponerme en contacto de forma personal con quien tengo delante. No estoy hecho a las masas», dice el Papa.

147

El principio del verano es el momento más agradable para visitar Roma. En junio es cuando un mayor número de personas acuden a las audiencias generales del Papa, pues el tiempo soleado convierte la plaza de San Pedro en un espacio muy acogedor. Dada la pasión del papa Francisco por el deporte, recibe con calidez a los millares de jóvenes atletas que peregrinan a la Ciudad Eterna.

También en junio tiene lugar el Corpus Christi, o el Cuerpo del Señor, celebración de la presencia de Cristo en la Eucaristía que data de la Edad Media. El papa Francisco celebra misa en la Catedral de San Juan de Letrán e inicia una procesión a la Basílica de Santa María la Mayor, donde da la bendición.

A finales de junio, el papa Francisco se reúne con los clérigos, los catequistas y los trabajadores pastorales de la Diócesis de Roma para conocer las actividades de las 335 parroquias de la diócesis.

El punto culminante de la liturgia del mes es la fiesta de San Pedro y San Pablo, que se celebra el 29 de junio. Según la tradición, el apóstol Pedro fue crucificado en el circo de Calígula en el Vaticano, y Pablo, el primer gran misionero y escritor, fue decapitado en la Vía Ostiensis. En este día, el Papa invita a Roma a un grupo de arzobispos de todo el mundo. Los que han sido nombrados en el último año reciben un palio, una estola de lana representativa. La ceremonia tiene lugar en la Basílica de San Pedro o en la escalinata que da a la plaza. El Papa se reúne también con delegaciones en Roma de otras iglesias cristianas.

Además de las celebraciones litúrgicas anuales, el papa Francisco mantiene un buen número de reuniones que incluyen las que tiene con jefes de Estado y visitas excepcionales.

Una de estas visitas tiene lugar en junio de 2014. En un viaje a Tierra Santa en mayo de ese año el Papa se reunió con los presidentes de Israel y de la Autoridad Palestina y los invitó a rezar juntos en el Vaticano. Ambos aceptaron y se reunieron con el pontífice en los jardines del Vaticano, donde los tres plantaron juntos un olivo, símbolo de la paz.

El Papa recibe invitaciones de visita de toda Italia. Prácticamente todas las ciudades del país lo han invitado, pero el papa Francisco elige siempre los lugares más impensados. Es más fácil que el Papa visite una localidad modesta que una gran ciudad.

< EL ESPÍRITU SANTO

En el centro de la obra maestra de Bernini que es el Altar Mayor encontramos un sol con el Espíritu Santo, que no está hecho de cristal, sino de alabastro traslúcido.

> NO PIERDAS TIEMPO

«Hermanos arzobispos, el Señor repite hoy, a mí, a ustedes y a todos los pastores: "Sígueme. No pierdas tiempo en preguntas o chismes inútiles"», dice el papa Francisco a los arzobispos.

⋁ MUJERES CONSAGRADAS

El papa dedica 2015-2016 al papel de las mujeres de la Iglesia, y valora su labor en el cuidado de los enfermos, la plegaria, la educación y el trabajo social.

JUNIO

PEREGRINACIONES, FESTIVIDADES Y VISITAS DE EXCEPCIÓN

MÁS DE 100 000 ATLETAS Y SEGUIDORES SE DAN CITA EN LA PLAZA DE SAN PEDRO EL 7 DE JUNIO DE 2014 PARA CELEBRAR EL 70 ANIVERSARIO DEL CENTRO DEPORTIVO ITALIANO, LA RAMA DEPORTIVA DE LA ORGANIZACIÓN ACCIÓN CATÓLICA. RECIBIDO COMO EL «CAPITÁN», EL PAPA FRANCISCO AFIRMA QUE LOS MIEMBROS DE UN EQUIPO DEBEN «COMPETIR EN LA ESTIMA RECÍPROCA Y CRECER EN LA FRATERNIDAD». INVITA A LOS JÓVENES A «PONEROS EN JUEGO EN BUSCA DEL BIEN, EN LA IGLESIA Y EN LA SOCIEDAD, SIN MIEDO, CON VALENTÍA Y ENTUSIASMO».

⌃ BARRA DE EJERCICIOS
Unas jóvenes gimnastas se preparan para actuar. El Papa recuerda a su audiencia que el deporte ayuda a los jóvenes a desarrollar mente y cuerpo en armonía.

◄ EVENTO DESTACADO
El evento de la plaza de San Pedro es el punto destacado de un fin de semana de actividades para quienes acuden a la Ciudad Eterna para celebrar deporte y fe.

AUDIENCIA DE DEPORTES
ENCUENTRO CON JÓVENES ATLETAS

> **PLAZA REPLETA**
La plaza de San Pedro está repleta de
decenas de miles de jóvenes de toda
Italia mientras los atletas actúan frente
a la basílica.

∧ **ESPÍRITU DE EQUIPO**

«Sólo si es un juego, hará bien al cuerpo y al
espíritu. Y precisamente porque sois deportistas,
os invito no sólo a jugar, como ya lo hacéis,
sino también a algo más», dice el Papa.

∧ **UN BALÓN QUE GIRA**

Siempre hay tiempo para aprender cosas
nuevas, como cuando unos jugadores de
baloncesto le enseñan al Papa a hacer
girar un balón sobre un lápiz.

✦ 151

LA PALABRA *PENTECOSTÉS* VIENE DEL GRIEGO Y SIGNIFICA «QUINCUAGÉSIMO». LA FIESTA DE PENTECOSTÉS RECUERDA QUE CINCUENTA DÍAS DESPUÉS DE PASCUA, LOS APÓSTOLES SE REUNIERON EN JERUSALÉN, TEMEROSOS POR LO OCURRIDO TRAS LA CRUCIFIXIÓN DE CRISTO. EL ESPÍRITU SANTO, SIN EMBARGO, LLENÓ ENTONCES LA SALA Y LES INSPIRÓ A CREER QUE JESÚS HABÍA RESUCITADO DE LA MUERTE Y CONTINUARÍA CON ELLOS, LO QUE LES DIO CORAJE. LA FIESTA DE PENTECOSTÉS SE CONSIDERA A VECES COMO EL NACIMIENTO DE LA IGLESIA.

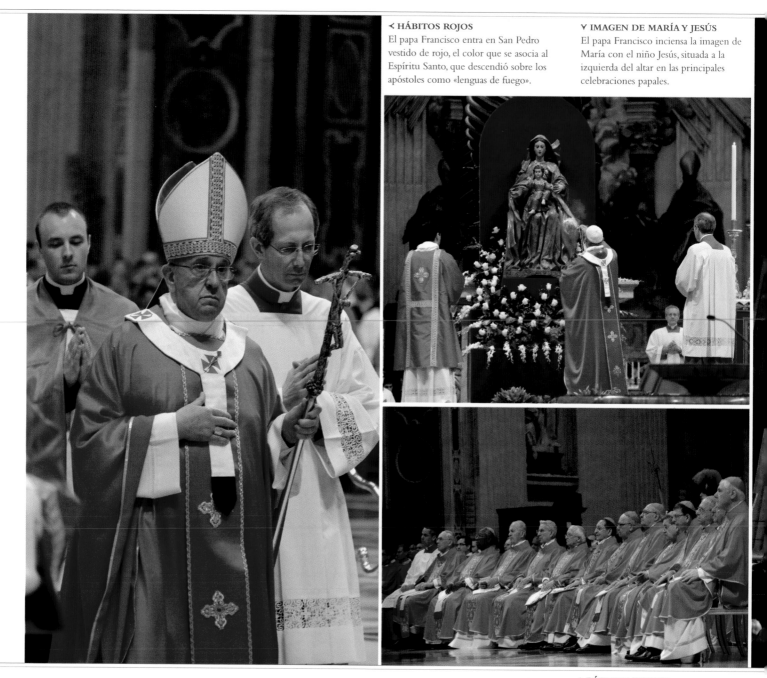

< HÁBITOS ROJOS
El papa Francisco entra en San Pedro vestido de rojo, el color que se asocia al Espíritu Santo, que descendió sobre los apóstoles como «lenguas de fuego».

Ⅴ IMAGEN DE MARÍA Y JESÚS
El papa Francisco inciensa la imagen de María con el niño Jesús, situada a la izquierda del altar en las principales celebraciones papales.

Λ PÚBLICO ATENTO
Los cardenales escuchan el sermón del Papa. A diferencia de sus predecesores, el Papa no es políglota y predica sólo en italiano.

PENTECOSTÉS
EL NACIMIENTO DE LA IGLESIA

˃ PLEGARIAS
La congregación sigue el orden de la
misa con un opúsculo que contiene las
diversas plegarias, impresas en distintos
idiomas.

˄ LUZ CELESTIAL
Las ventanas de San Pedro proyectan
haces de luz sobre los fieles congregados
para celebrar con el Papa la misa de
Pentecostés.

✝ EN JUNIO DE CADA AÑO, LA IGLESIA CELEBRA EL CORPUS CHRISTI, LA FIESTA DEL CUERPO Y LA SANGRE DE CRISTO. EN ROMA, ESTA POPULAR DEVOCIÓN COMIENZA CON UNA MISA EN LA CATEDRAL DE SAN JUAN DE LETRÁN, DESPUÉS DE LA CUAL LOS FIELES MARCHAN EN PROCESIÓN POR LA VÍA MERULANA HASTA SANTA MARÍA LA MAYOR. LA HOSTIA, QUE SE DISPONE EN UNA CUSTODIA DE ORO, SE LLEVA EN PROCESIÓN HASTA UN ALTAR DISPUESTO EN LA ESCALINATA DE SANTA MARÍA LA MAYOR. EL PAPA DA ENTONCES LA BENDICIÓN CON LA CUSTODIA.

◢ HIMNOS Y LETANÍAS
Miles de personas acompañan al papa Francisco en procesión por la Vía Merulana mientras cantan himnos y letanías.

CORPUS CHRISTI

FIESTA DEL CUERPO Y LA SANGRE DE CRISTO

ᐯ INCLINACIÓN DE PLEGARIA
El papa Francisco inclina la cabeza al inicio de la misa en San Juan de Letrán, e invita a la congregación a recordar sus pecados y pedir el perdón de Dios.

◄ PLEGARIA DE CARDENALES
Los cardenales rezan al final de la misa celebrada por el Papa frente a la Catedral de San Juan de Letrán.

ᐯ CUSTODIA DE ORO
Sosteniendo la custodia de oro, el papa Francisco bendice a los congregados en la plaza frente a la Basílica de Santa María la Mayor.

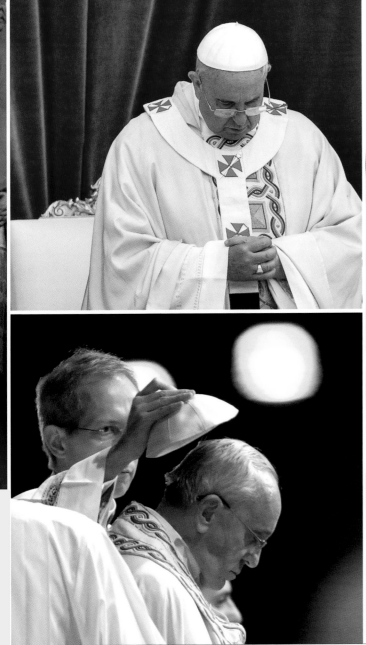

ᐱ RETIRADA DEL _ZUCCHETTO_
El maestro de Ceremonias Litúrgicas le retira el _zucchetto_ al pontífice cuando se dispone a dar la bendición en la Basílica de Santa María la Mayor.

► LLEGADA DE LOS OBISPOS
Un grupo de obispos llega a Santa María la Mayor, tras la procesión desde la catedral romana de San Juan de Letrán.

✝ **EL PUNTO CULMINANTE DE LA LITURGIA DEL MES ES LA FIESTA DE SAN PEDRO Y SAN PABLO,** EL 29 DE JUNIO. SEGÚN CUENTA LA TRADICIÓN, EL APÓSTOL PEDRO FUE CRUCIFICADO EN EL CIRCO DE CALÍGULA, EN EL VATICANO, MIENTRAS QUE PABLO FUE DECAPITADO EN LA VÍA OSTIENSIS. HASTA 2015 EL PAPA HA ENTREGADO EL PALIO, LA ESTOLA EPISCOPAL QUE INDICA SU DIGNIDAD, A LOS NUEVOS ARZOBISPOS DEL ÚLTIMO AÑO. A PARTIR DE ESTE MOMENTO, ESTA CEREMONIA SE CELEBRARÁ EN CADA DIÓCESIS.

‹ EVITAR EL CALOR
La fiesta de San Pedro y San Pablo llega antes del receso estival, cuando el calor obliga a los romanos a tomar sus vacaciones anuales.

⅄ IMPOSICIÓN DEL PALIO
Asistido por el maestro de Ceremonias Litúrgicas, el papa Francisco impone el palio a los arzobispos como signo de unidad como nuevos obispos.

FIESTA DE LOS SANTOS
CELEBRACIÓN DE LA FIESTA DE SAN PEDRO Y SAN PABLO

> **FE UNIVERSAL**
La fiesta litúrgica muestra la difusión de la fe católica a lo largo de 2 000 años. Representa el 18 por ciento de la población mundial.

∧ **FOTO DE GRUPO**
Tras la misa de la fiesta de San Pedro y San Pablo, el papa Francisco posa para una fotografía con Ioannis Zizioulas, obispo metropolitano de la Iglesia ortodoxa griega de Pérgamon, y los nuevos arzobispos.

< **PLEGARIA POR LA UNIDAD**
Ioannis, delegado de Bartolomé I de Constantinopla, y el Papa rezan ante el sepulcro de San Pedro por la unidad entre ambas iglesias.

< **HOSTIAS POR CONSAGRAR**
Los concelebrantes se reúnen en el altar portando las hostias que se consagrarán en la misa para distribuirse entre la congregación.

En julio y agosto, muchos italianos toman sus vacaciones de verano y dejan las ciudades para ir a pasar unas semanas de descanso al campo o a la playa. Con la marcha de los romanos, la actividad disminuye en la Ciudad Eterna. Incluso la Casa Santa Marta queda vacía, pues sacerdotes y residentes se van también de vacaciones. En solidaridad con quienes no pueden permitirse este descanso, el papa Francisco ha roto con la tradición papal de trasladarse al Palacio Apostólico de las colinas Albanas. Tampoco cuando vivía en Buenos Aires tomaba vacaciones. Ahora, como Papa, se queda en el Vaticano durante los meses de verano, aunque cancela la mayoría de los actos públicos. Eso le permite ponerse al día con la lectura y recibir a amigos. Ocasionalmente acoge en la Casa a algunos miembros de su familia o de su círculo más íntimo.

El Palacio Apostólico, donde sus predecesores pasaban la mayor parte de julio y agosto, se encuentra en la ciudad de Castel Gandolfo, sobre el lago volcánico, y cuenta con magníficos jardines. Se construyó donde había estado la casa del emperador Domiciano, del siglo I. A mitad del siglo XVII, el papa Urbano VIII adquirió las tierras y encargó el proyecto al arquitecto barroco Carlo Maderno, quien había construido algunas iglesias en Roma muy celebradas. Durante la Segunda Guerra Mundial, el papa Pío XII albergó a judíos en el palacio y los edificios colindantes para protegerlos de los ocupantes nazis. También aquí pasó Benedicto XVI algunas semanas tras renunciar al papado en febrero de 2013.

Si bien el papa Francisco suspende las audiencias generales de los miércoles en julio y agosto, mantiene el rezo del Ángelus a mediodía del domingo. Y recibe algunos grupos, como el de los monaguillos alemanes en su peregrinación anual a Roma. La alegre vitalidad de esos 50 000 jóvenes confiere a la plaza de San Pedro un ambiente festivo.

También en los meses de verano, Francisco hace breves visitas por Italia y algún viaje al extranjero. En julio de 2013 viaja a Brasil para participar en las celebraciones del Día Mundial de la Juventud, y en agosto de 2014 visita Corea del Sur para asistir al sexto Día de la Juventud Asiática. Estas visitas pastorales son agotadoras, y el Papa necesita un par de semanas para recuperarse cuando regresa al Vaticano.

< APARICIONES PÚBLICAS
Aunque el número de visitantes a Roma y al Vaticano tiende a disminuir en los meses de verano, el Papa sigue haciendo algunas apariciones públicas.

> PEREGRINACIÓN ANUAL
El Papa disfruta del entusiasmo de los 50 000 monaguillos alemanes que se reúnen en la plaza de San Pedro en su peregrinación anual a Roma.

Y CAMISETA DE FUTBOL
El Papa, que ha sido siempre un gran fan del futbol, muestra con orgullo la camiseta con su nombre que le han regalado los jóvenes alemanes.

JULIO Y AGOSTO

TIEMPO DE RECESO

✝ LAS VACACIONES DE VERANO EN EUROPA SON LA ÉPOCA EN LA QUE LOS JÓVENES PUEDEN VIAJAR CON MAYOR FACILIDAD. LA TARDE DEL 5 DE AGOSTO, EL PAPA FRANCISCO SE REÚNE CON UNOS 50 000 MONAGUILLOS ALEMANES DE ENTRE 14 Y 22 AÑOS QUE HAN VIAJADO A ROMA Y QUE AYUDAN EN LA LITURGIA EN SUS PARROQUIAS. SU AUDIENCIA CON EL PAPA ADQUIERE UN TONO FESTIVO, CON SUS CÁNTICOS Y SU TESTIMONIO DE LA IMPORTANCIA DE LA FE EN SUS VIDAS.

ᴧ CONEXIÓN CON LOS JÓVENES
El papa Francisco ha establecido una extraordinaria relación con los jóvenes, que aprecian su sencillez y su gran espontaneidad.

JÓVENES ALEMANES

ENCUENTRO CON LOS MONAGUILLOS ALEMANES

> BUEN CONSEJO
El papa Francisco saluda la multitud.
Con sus palabras anima a los jóvenes a
valorar su juventud y su libertad, y a
usar de estos dones de manera sabia.

< DE LA MANO
En la escalinata de la Basílica de San
Pedro, frente a la plaza, el Papa y un
grupo de jóvenes alemanes se toman
de la mano para rezar el Padre Nuestro.

CUANDO DECIDIÓ HACERSE JESUITA, JORGE BERGOGLIO DESEABA DEDICAR SU VIDA A LA ENSEÑANZA DE LOS JÓVENES. FUE PROFESOR DURANTE MUCHOS AÑOS, PERO ABANDONÓ LA ENSEÑANZA AL SER NOMBRADO OBISPO DE BUENOS AIRES. AUN ASÍ, LE GUSTÓ SIEMPRE REUNIRSE CON LOS JÓVENES Y HABLAR CON ELLOS. AHORA, COMO PAPA, TIENE LA OPORTUNIDAD DE HACERLO EN DISTINTAS CIRCUNSTANCIAS, TANTO EN EL VATICANO COMO EN SUS VISITAS AL EXTRANJERO. SIEMPRE INTENTA ANIMARLES EN SU VIDA PROFESIONAL Y PERSONAL.

⋀ OBSEQUIO INFANTIL
Una niña le obsequia al papa Francisco un libro infantil, pero él parece más interesado en la niña que en el regalo.

❯ *SELFIE* PAPAL
La tecnología moderna ha progresado enormemente en los últimos años, y esta *selfie* con el papa Francisco llega a las redes sociales en pocos instantes.

JOVEN DE CORAZÓN
ENCUENTRO CON NIÑOS Y JÓVENES

< AFECTO EVIDENTE
Un chico muestra su evidente afecto por el papa Francisco, al abrazarlo en la plaza de San Pedro.

∧ EN COMPAÑÍA DE NIÑOS
El Papa disfruta enormemente cuando se encuentra con niños, con los que tiene gran complicidad. Considera que dan alegría a toda la sociedad, y no sólo a sus padres.

∧ RETOS PARA LA SEGURIDAD
A veces, el empuje de los jóvenes puede ser un reto para los equipos de seguridad, pero el papa Francisco no parece preocupado por ello.

> FUERA DE GUION
Un niño deja a sus padres y corre hasta el Papa, quien acepta su abrazo mientras sigue leyendo su intervención.

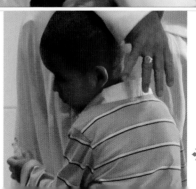

EL PAPA FRANCISCO SE MUESTRA ORGULLOSO DE SU ORIGEN LATINOAMERICANO. LA IGLESIA CATÓLICA TIENE EN LATINOAMÉRICA SU MAYOR NÚMERO DE SEGUIDORES. EL PAPA ES CONSCIENTE DE QUE EL CATOLICISMO NO DEBE SITUARSE EN CONTRA DE OTRAS DENOMINACIONES CRISTIANAS PRESENTES EN LATINOAMÉRICA, SINO TRABAJAR POR EL BIEN COMÚN. ÉL MISMO SE ALÍA CON PERSONAS DE OTRAS CREENCIAS, E INCLUSO CON QUIENES NO LAS TIENEN, PARA PROMOVER LOS VALORES HUMANOS BÁSICOS. SU HERENCIA ITALIANA LE ES DE GRAN AYUDA EN SU VIDA DIARIA.

⋀ MATE
Un peregrino procedente de Latinoamérica le ofrece al papa Francisco una calabaza de mate, la tradicional infusión argentina. El Papa lo toma sin azúcar.

LOS ARGENTINOS

UN PAPA ORGULLOSO DE SU ORIGEN

< BANDERA AL VIENTO
Los peregrinos hacen ondear orgullosos sus banderas, en un caleidoscopio de colores que refleja las nacionalidades de los visitantes.

∨ CANCIÓN ESPONTÁNEA
Unos mariachis se arrancan con una canción espontánea, y dan a la ocasión un imprevisto toque de alegría y emoción.

∧ BONITA BANDERA
El arte de las banderas se remonta a la Edad Media, cuando en las ciudades italianas había distintos gremios, cada uno de ellos representado por su propio estandarte.

∧ VISITANTES BRASILEÑOS
Visitantes de Brasil, con su bandera nacional y algunos objetos religiosos, esperan que el papa Francisco los vea en su recorrido entre la multitud.

⋀ CASTEL GANDOLFO
Desde el siglo XVI, los papas han pasado sus vacaciones de
verano en el Palacio Apostólico de Castel Gandolfo, en las
colinas Albanas. El papa Francisco no ha seguido esta tradición
y ha abierto los jardines al público.

Tras el paréntesis veraniego, los italianos regresan al trabajo, las escuelas abren sus puertas y Roma vuelve a la normalidad, recibiendo de nuevo más visitantes.

Muchos de los eventos anuales, como la Navidad o la Pascua, corresponden al calendario litúrgico, pero cada año el papa Francisco pone en marcha algunos eventos especiales en función de la situación internacional.

En septiembre de 2013, invita a todos a rezar por la paz en Siria y el Oriente Medio, en un momento en que la tensión aumenta rápidamente en la zona. Al año siguiente, organiza un día de plegaria con los mayores, en el que decenas de miles de personas mayores se reúnen con él para compartir vivencias, dificultades, esperanzas y alegrías, en un acto que cuenta con la presencia del papa emérito Benedicto XVI.

En los últimos años, el número de catequistas que enseñan la fe católica en escuelas y parroquias ha aumentado mucho. El Papa reconoce su contribución al invitarlos junto a sus estudiantes a la plaza de San Pedro al inicio del nuevo curso.

El papa Francisco sigue su labor pastoral con la celebración de los sacramentos. Un momento culminante es la bendición de los matrimonios. El 14 de septiembre de 2014, bendice el matrimonio de veinte parejas de la diócesis de Roma.

Cada cinco años, los obispos del mundo visitan Roma para rendir cuentas de su diócesis. La visita se llama *ad limina apostolorum*, «al umbral de los apóstoles». Para hacer eficientes estas visitas, los obispos se agrupan en función de su origen y su idioma. Estas visitas son una oportunidad para que el Papa comparta sus impresiones sobre la Iglesia en su conjunto y para que los obispos puedan plantear sus problemas y buscar soluciones con miembros de las distintas oficinas de la Curia Romana.

En ocasiones, el papa Francisco aborda temas importantes en una encíclica. La primera, *Lumen Fidei*, «La luz de la fe», trata de la relación entre razón y fe. La segunda, *Evangelii Gaudium*, «La alegría del Evangelio», versa sobre temas actuales sobre la fe en su estilo coloquial, así como sobre política, economía mundial y los retos a los que se enfrenta la Iglesia. Su tono optimista está atemperado por las palabras de cautela sobre la responsabilidad cristiana de ocuparse de los pobres y los oprimidos. Igual que ocurre en la mayor parte del resto de los escritos del Papa, sus palabras son claras y memorables.

< VUELTA AL TRABAJO
En septiembre se reanudan las ceremonias públicas, que habían quedado suspendidas en verano, y el Papa preside algunas liturgias.

> REFUGIO DE SOMBRA
Son muchos los que se refugian bajo la columnata toscana, descrita por Bernini como «los maternales brazos de la Iglesia».

∨ LISTOS PARA LA CONSAGRACIÓN
Seminaristas africanos que estudian en Roma portan copones, los recipientes en que se guardan las hostias, para su consagración en la misa.

SEPTIEMBRE

FINAL DEL VERANO

EL DÍA DE LA BODA ES UNO DE LOS ACONTECIMIENTOS MÁS IMPORTANTES EN LA VIDA DE UNA PAREJA, ESPECIALMENTE EN EL CASO DE LOS CUARENTA JÓVENES CUYOS MATRIMONIOS BENDICE EL PAPA EL 14 DE SEPTIEMBRE DE 2014. ES UNA OCASIÓN EXCEPCIONAL EN LA BASÍLICA DE SAN PEDRO. UNA DE LAS NOVIAS ES YA MADRE, Y OTROS PARTICIPANTES SE HAN CASADO ANTES. EN SU HOMILÍA, FRANCISCO INDICA QUE ES NORMAL QUE MARIDO Y MUJER DISCUTAN, PERO LOS INSTA A QUE SE RECONCILIEN ANTES DE QUE EL SOL SE PONGA, INCLUSO AUNQUE SEA APENAS CON UN SIMPLE GESTO.

⋀ MIRANDO AL FUTURO
Junto a sus orgullosos padres y familiares, las parejas se preparan para hacer sus votos maritales y prometerse fidelidad mutua para toda la vida.

BODA EN GRUPO
EL PAPA BENDICE VEINTE MATRIMONIOS

> CALLADA PLEGARIA

El Papa se detiene un instante en una callada plegaria por las parejas. Los conmina a no perder nunca la esperanza, pese a las decepciones y las dificultades.

> PROCESIÓN FINAL

Al final de la misa, las parejas recorren el pasillo de la Basílica de San Pedro para encontrarse con familiares y amigos para un almuerzo de celebración.

> MATRIMONIO Y FAMILIA
El papa Francisco bendice en el
Vaticano los matrimonios de veinte
parejas a sólo tres semanas de inaugurar
el Sínodo de la Familia, en octubre.

ʌ BUENOS DESEOS
Terminada la misa, el papa Francisco se
reúne con los felices esposos en la
Capilla de la Piedad, donde les da sus
buenos deseos y su bendición.

EL 28 DE SEPTIEMBRE DE 2014, EL PAPA FRANCISCO CELEBRA UNA MISA DEDICADA A LOS ABUELOS ✝ Y LOS MAYORES. A MENUDO EL PAPA RECUERDA CON CARIÑO A SUS PROPIOS ABUELOS, Y ESPECIALMENTE A SU ABUELA PATERNA, PUES DE ELLA APRENDIÓ DE NIÑO EL ITALIANO Y LA FE CATÓLICA. LA MISA ESTÁ PRECEDIDA DE LOS TESTIMONIOS DE PERSONAS QUE VALORAN EL DON DE UNA LARGA VIDA. ESPECIALMENTE EMOCIONANTE ES EL CASO DE UNA PAREJA DE MOSUL, EN IRAK, QUE SALUDA AL PAPA EN NOMBRE DE LOS MUCHOS MAYORES QUE SUFREN PERSECUCIÓN.

Y COMO UN ABUELO
El papa emérito Benedicto XVI hace acto de presencia. El papa Francisco dice a veces que tenerle en el Vaticano es como tener cerca a un abuelo.

> MANO AMIGA
El papa emérito Benedicto se sienta junto a su antiguo secretario y prefecto de la Casa Pontificia, el arzobispo Georg Gänswein, quien vive aún con él.

A CALIDEZ Y CONFIANZA
Se observa una evidente calidez y confianza entre el Papa y el papa emérito Benedicto. Francisco habla con él por teléfono regularmente para pedirle consejo.

LOS MAYORES
UN DÍA ESPECIAL DE PLEGARIA

∧ LECTURA
Un cardenal lleva un ejemplar de la popular publicación jesuita *Famiglia Cristiana* para pasar el rato mientras espera la llegada del Papa.

∧ VISIÓN INFANTIL
Una niña espera pacientemente su turno para ver al papa Francisco, a quien quiere obsequiar un dibujo que ha hecho en que se la ve con el pontífice.

Y MIRADAS
Todos los ojos miran en la misma dirección
cuando el jeep del Papa avanza por la plaza de
San Pedro, para que todos puedan ver al pontífice.

Octubre acoge grandes eventos en el Vaticano. Al inicio del nuevo curso de las universidades de Roma, el Papa celebra una misa para los estudiantes, profesores y personal administrativo.

En 1965, en la clausura del Concilio Vaticano Segundo, el papa Pablo VI estableció el Sínodo de Obispos. El Sínodo constituye un foro para que representantes de los obispos del mundo y sus asesores se reúnan cada dos o tres años para discutir temas de actualidad. En los primeros dos años de su pontificado, el papa Francisco ha convocado dos sesiones del Sínodo de Obispos.

El Papa anima a los obispos a hablar abiertamente durante las sesiones sinodales, previstas para octubre de 2014 y 2015. El tema elegido es el de la familia en la Iglesia y en la sociedad.

Justo antes del inicio de las sesiones en 2014, tiene lugar en la plaza de San Pedro un día especial de celebración con familias. Miembros de familias, desde abuelos hasta tíos y tías, así como padres e hijos, hablan sobre el valor de la familia cristiana y su papel en la sociedad.

En las tres primeras semanas de octubre de 2014, unos 250 obispos de todo el mundo se reúnen en la Sala de Audiencias del Papa Pablo VI.

El papa Francisco expresa su deseo de que el Sínodo acoja un debate constructivo. Los obispos tratan temas difíciles como la recepción de la Sagrada Comunión por las parejas casadas en segundas nupcias o los homosexuales. A diferencia de sínodos anteriores, el de 2014 permite un gran intercambio de opiniones. Además, algunos laicos, casados y solteros, se dirigen a los obispos y se reúnen con ellos de manera informal.

Poco después de su elección, el papa Francisco constituye un pequeño grupo de cardenales para que lo ayuden a hacer cambios en la Curia Romana y a transformar las finanzas vaticanas, y para que lo asesoren sobre otros aspectos de la Iglesia. El grupo se reúne cuatro veces al año, generalmente en presencia del papa Francisco. Estas reuniones le dan una amplia perspectiva de muchos de los problemas y de sus posibles soluciones.

Mientras tiene lugar el Sínodo queda poco tiempo para otras tareas. Sin embargo, el 19 de octubre de 2014, el papa Francisco oficia la beatificación del papa Pablo VI (1963-1978). Esta ceremonia, que tiene lugar en la plaza de San Pedro, es el último paso antes de su canonización.

< CALLADA REFLEXIÓN
El papa Francisco inclina la cabeza durante la plegaria en la plaza de San Pedro, en la apertura del Sínodo de Obispos de 2014, dedicado a la familia.

> MANERAS SENCILLAS
El estilo relajado del papa Francisco hace que todos se sientan cómodos, incluso sus asistentes. Lleva con orgullo una sencilla cruz que recibió al ser nombrado arzobispo de Buenos Aires.

Y RECUERDO FOTOGRÁFICO
Una vez concluida la oración por la familia del 4 de octubre, mientras la multitud se dispersa, estas monjas sacan un recuerdo fotográfico de su participación en el acto.

OCTUBRE
FAMILIAS, SÍNODOS Y BEATIFICACIÓN

MÁS DE 80 000 PERSONAS SE CONGREGAN EN LA PLAZA DE SAN PEDRO EL 4 DE OCTUBRE DE 2014 INVITADOS POR FRANCISCO PARA UNA VIGILIA DE ORACIÓN POR EL ÉXITO DEL SÍNODO SOBRE LA FAMILIA, QUE INICIA AL DÍA SIGUIENTE. AL ABRIR LA PLEGARIA, EL PAPA MENCIONA QUE ES CASI LA HORA EN LA QUE LAS FAMILIAS DISFRUTAN JUNTOS DE LA CENA DESPUÉS DE UN DÍA DE TRABAJO O ESTUDIOS, Y QUE ESE MOMENTO ES MÁS RICO CUANDO SE TIENE LA COMPAÑÍA DE LA PROPIA FAMILIA.

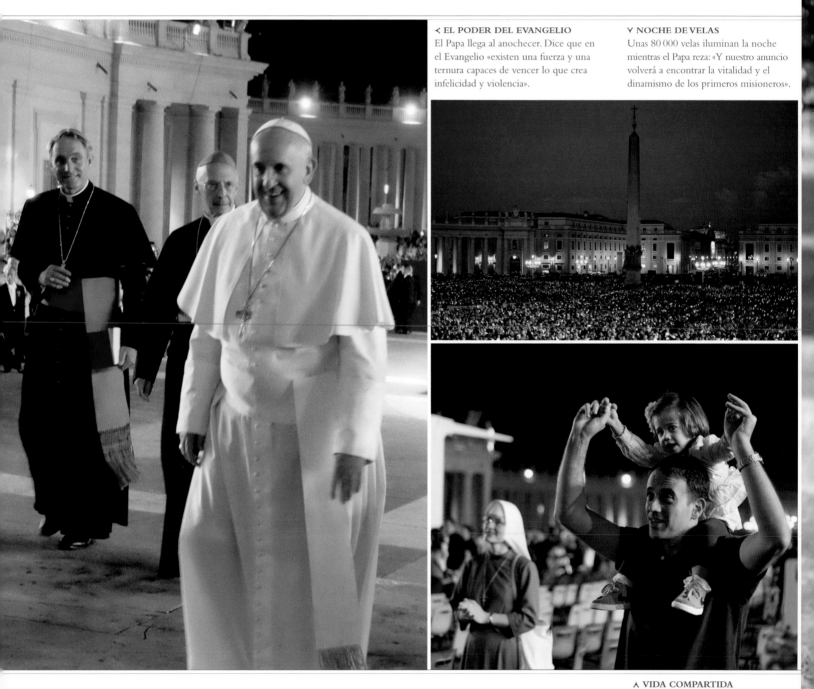

< EL PODER DEL EVANGELIO
El Papa llega al anochecer. Dice que en el Evangelio «existen una fuerza y una ternura capaces de vencer lo que crea infelicidad y violencia».

Y NOCHE DE VELAS
Unas 80 000 velas iluminan la noche mientras el Papa reza: «Y nuestro anuncio volverá a encontrar la vitalidad y el dinamismo de los primeros misioneros».

A VIDA COMPARTIDA
«En cada persona permanece viva una necesidad esencial de alguien con quien entretejer y compartir la historia de la vida», dice el papa Francisco.

VIGILIA DE ORACIÓN
VÍSPERAS DEL SÍNODO SOBRE LA FAMILIA

◄ VIDA FAMILIAR

El Papa contrapone la calidez de la vida familiar con la soledad de los sueños rotos, y escucha los testimonios de personas que hablan sobre su matrimonio.

∨ LÁMPARAS VOTIVAS

Algunos niños, junto a sus padres y abuelos, encienden lámparas votivas frente a un icono de Jesús en la escalinata de la Basílica de San Pedro.

∧ MÚSICOS

Un grupo de músicos acompaña los cantos de la vigilia, que termina a tiempo para que todos regresen a casa para la cena.

UNA DE LAS RESPONSABILIDADES DEL PAPA ES LA DE REUNIRSE CON LOS OBISPOS DEL MUNDO.

✝ EL SÍNODO DE OBISPOS, UN CUERPO CONSULTIVO ESTABLECIDO EN 1965 POR EL PAPA PABLO VI, SE REÚNE EN EL VATICANO CADA DOS O TRES AÑOS. OFRECE UNA GRAN OPORTUNIDAD A UN GRUPO DE OBISPOS Y ASESORES PARA DISCUTIR IMPORTANTES TEMAS DE ACTUALIDAD CON EL PONTÍFICE. EL SÍNODO SOBRE LA FAMILIA CONVOCADO POR EL PAPA FRANCISCO TIENE LUGAR EN 2014 Y 2015 PARA AFRONTAR EL PAPEL CAMBIANTE Y COMPLEJO DE LA FAMILIA EN LA SOCIEDAD.

> RISAS COMPARTIDAS

El papa Francisco y el cardenal Gerhard Müller comparten un momento de alegría. El Papa pide a los obispos que discutan abierta y francamente, y les anima a discrepar.

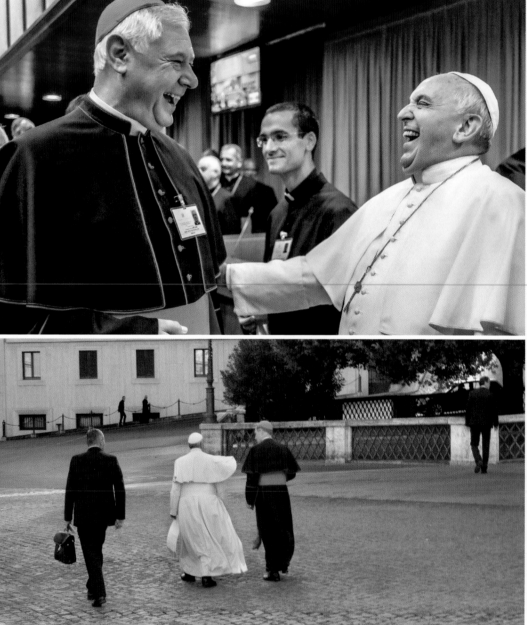

Λ ESTILO INFORMAL

El estilo informal del papa Francisco contrasta con el de sus predecesores. Él insiste en reunirse con sus colegas sin mayores complicaciones ni formalismos.

Λ PASEO A CASA

Acompañado del arzobispo Georg Gänswein, prefecto de la Casa Pontificia, el Papa regresa a su residencia en la Casa Santa Marta.

SÍNODO DE OBISPOS

DISCUSIÓN DE TEMAS DE ACTUALIDAD

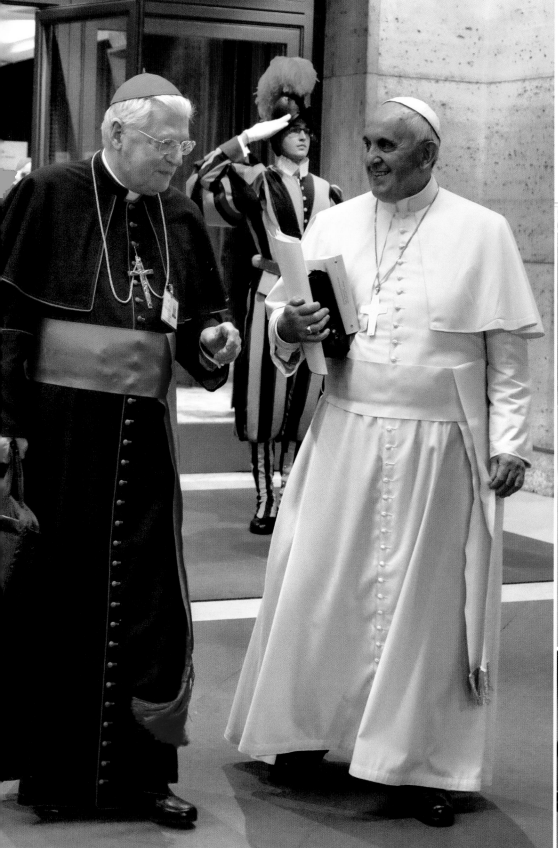

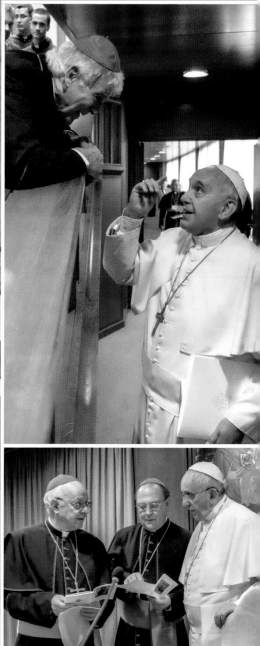

∨ ROMPIENDO EL PROTOCOLO

«Es verdad que acá tengo el apelativo de indisciplinado; el protocolo mucho no lo sigo, aunque hay cosas oficiales a las que me atengo totalmente», responde en una entrevista.

∧ ESTILO RELAJADO

El cardenal Angelo Scola, de Milán, y el Papa charlan a la salida de la Sala del Sínodo. Algunos cardenales están acostumbrándose aún al estilo informal de Francisco.

∧ ORDEN DEL DÍA

El cardenal Lorenzo Baldisseri, secretario general del Sínodo de Obispos (izquierda) le explica al Papa el orden del día tras las plegarias iniciales.

EL 19 DE OCTUBRE DE 2014, TERMINADO EL SÍNODO DE LA FAMILIA, EL PAPA FRANCISCO PRESIDE LA BEATIFICACIÓN DEL PAPA PABLO VI (1963-1978). LA CEREMONIA DE BEATIFICACIÓN ES UNA DECLARACIÓN PÚBLICA DE LA SANTIDAD DE UNA PERSONA FALLECIDA QUE MERECE LA VENERACIÓN DE LA IGLESIA. EL PAPA PABLO ERA ORIGINARIO DE BRESCIA, EN EL NORTE DE ITALIA, Y DEDICÓ SU VIDA A LA NUNCIATURA. SE OCUPÓ DE LLEVAR ADELANTE EL CONCILIO VATICANO SEGUNDO, QUE HABÍA SIDO INICIADO POR EL PAPA JUAN XXIII, Y A PONER EN MARCHA SUS CONCLUSIONES.

˅ EL PAPA PABLO VI

En la ceremonia de beatificación un cartel con la imagen del papa Pablo VI es desplegado en el balcón central de la Basílica de San Pedro.

˂ SALUDO A SU PREDECESOR

Tras la misa de beatificación, el papa Francisco saluda a su predecesor, el papa emérito Benedicto XVI, quien conoció al papa Pablo VI durante el Concilio Vaticano Segundo.

˅ MATERIAL DE LECTURA

Periódicos y el opúsculo de la misa, distribuidos en los asientos de la plaza de San Pedro, a la espera de quienes han conseguido entradas para la ceremonia de beatificación.

˄ EL TESTAMENTO DE PABLO VI

«La tumba: desearía que fuera en la tierra misma, con una señal modesta, que indique el lugar e invite a piedad cristiana. No quiero monumento ninguno.»

BEATIFICACIÓN

LA BEATIFICACIÓN DEL PAPA PABLO VI

˅ COMPAÑEROS

El papa emérito Benedicto, junto al arzobispo Georg Gänswein, quien fuera su secretario privado como pontífice y actual prefecto de la Casa Pontificia.

˅ PROTEGIDO DEL SOL

El papa emérito Benedicto espera bajo una sombrilla a la llegada de los concelebrantes de la misa de beatificación, a la conclusión del Sínodo de la Familia.

˄ LEYENDO LA PRENSA

Un miembro del Coro Sixtino lee con interés un ejemplar del diario italiano *Il Messaggero* mientras aguarda a que la misa comience.

˄ INCENSADO DEL RELICARIO

Un diácono inciensa el relicario de plata. El papa Pablo VI, muy admirado por Francisco, vivió una época turbulenta tras el Concilio Vaticano Segundo.

∨ FAMILIAS Y FE
El 26 de octubre de 2013, más de 150 000 personas
de 75 países se reunieron en la plaza de San Pedro
bajo el lema «Familia, vive la alegría de la fe».

El frío mes de noviembre, por lo habitual el más húmedo del año en Roma, comienza con un día festivo: la fiesta de Todos los Santos. Se trata de una de las festividades más importantes del año para los italianos. Recuerda a los santos e invoca su intervención desde el cielo. Los católicos respetan a quienes tuvieron una vida ejemplar y buscan seguir ese ejemplo. A mediodía, el Papa da su sermón del Ángelus desde la ventana de su estudio del Palacio Apostólico. Esa tarde se desplaza al gran cementerio de Campo Verano, donde celebra misa.

Para los católicos, noviembre es el mes en el que se conmemora a los «fieles difuntos». El papa Francisco celebra la misa anual por los cardenales fallecidos en el Altar de la Cátedra, para recordar a los que han muerto en los doce meses anteriores.

El Papa es, formalmente, el jefe de la Ciudad Estado del Vaticano, pero es en su papel de líder religioso en el que es invitado a participar en reuniones políticas. En noviembre de 2014 es invitado a hablar ante el Parlamento Europeo de Estrasburgo. Durante su discurso hace un apasionado alegato sobre los inmigrantes que llegan a Europa desde África, en el que recuerda a los políticos europeos los inmigrantes que se han ahogado antes de alcanzar suelo europeo. «No se puede tolerar que el Mediterráneo se convierta en un gran cementerio.» También apela a favor de un trato justo para los trabajadores. Su expresión clara y comprensible es ampliamente valorada en los medios y le granjea una gran popularidad.

El año litúrgico se cierra un domingo de finales de noviembre con la celebración de la fiesta de Cristo Rey. El domingo siguiente, el último de noviembre, se inicia un nuevo año litúrgico con el primer domingo de Adviento. El Papa preside las Vísperas, el servicio de la noche del sábado que marca la vigilia del domingo. El color litúrgico del Adviento es el púrpura, que representa el periodo de espera en el que los cristianos se preparan para la temporada navideña y el regreso de Jesús al final de los tiempos.

Desde 1964, Constantinopla y Roma se han ido acercando, lo que culmina con una visita en marzo de 2013, cuando el patriarca de Constantinopla Bartolomé I asiste a la misa de inauguración en Roma. Durante su estancia, invita al Papa a visitarlo. El papa Francisco acepta y viaja a Estambul el 28 de noviembre de 2014, para la fiesta de San Andrés.

< UN MES OCUPADO
Noviembre es uno de los meses más ocupados, con liturgias, reuniones y visitas al extranjero que requieren muchos preparativos en la Curia Romana.

> LA CÚPULA DE MIGUEL ÁNGEL
La cúpula que corona el sepulcro de San Pedro fue el último proyecto de Miguel Ángel. Inacabada a su muerte en 1564, fue completada en 1590.

∨ CORO SIXTINO
Desde el siglo v, las liturgias cuentan con cantantes profesionales. El Coro Sixtino, que data del siglo xv, es uno de los más antiguos del mundo.

NOVIEMBRE

RECUERDO DE LOS SANTOS Y LOS FALLECIDOS

NOVIEMBRE ES EL MES EN EL QUE SE REZA POR LOS MUERTOS. COMIENZA CON LA FIESTA DE TODOS LOS SANTOS, EN LA QUE LOS CATÓLICOS RECUERDAN A QUIENES HAN COMPLETADO SU VIDA EN LA TIERRA Y SE PIENSA QUE DESCANSAN EN EL CIELO. AUNQUE ALGUNOS SON VENERADOS POR LA IGLESIA, LA FIESTA CELEBRA A TODOS QUIENES TUVIERON VIDAS DE SANTIDAD. TRAS TODOS LOS SANTOS LLEGA LA CONMEMORACIÓN DE LOS FIELES DIFUNTOS, EN LA QUE LOS CATÓLICOS RECUERDAN A LOS FALLECIDOS QUE DEBEN AÚN PURIFICARSE PARA PODER ENTRAR EN EL CIELO.

˄ MISA EN CAMPO VERANO
El Papa celebra misa ante miles de romanos en un altar provisional situado frente a la entrada principal del mayor cementerio de la ciudad.

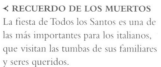

< RECUERDO DE LOS MUERTOS
La fiesta de Todos los Santos es una de las más importantes para los italianos, que visitan las tumbas de sus familiares y seres queridos.

˄ HOMILÍA DEL PAPA
«Si queremos caminar hacia el Padre, en este mundo de devastación, en este mundo de guerras [...] nuestra actitud es la de las Bienaventuranzas», dice el Papa.

TODOS LOS SANTOS
CELEBRACIÓN EN MEMORIA DE LOS MUERTOS

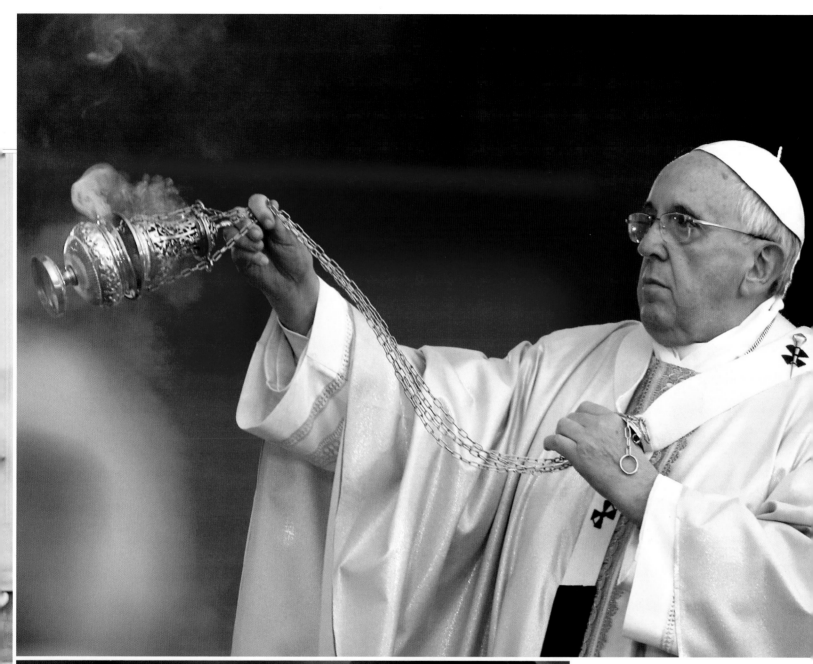

⋀ PURIFICADOS POR LA ESPERANZA

«Hay momentos difíciles en la vida, pero con la esperanza el alma sigue adelante y mira a lo que nos espera. También la esperanza nos purifica, nos aligera», dice el papa Francisco.

‹ ESPERANZA Y ALEGRÍA

«Todos tendremos un ocaso. ¿Lo veo con esperanza, con la alegría de ser recibido por el Señor?», pregunta el papa Francisco retóricamente.

EL PAPA FRANCISCO CELEBRA MISA EN LA BASÍLICA DE SAN PEDRO VARIAS VECES AL AÑO. EN NOVIEMBRE, CELEBRA UNA MISA POR LOS CARDENALES QUE HAN FALLECIDO EN LOS DOCE MESES ANTERIORES. A ESTA MISA, QUE TIENE LUGAR EN EL ALTAR DE LA CÁTEDRA, ASISTEN FAMILIARES Y AMIGOS DE LOS CARDENALES FALLECIDOS. ANTES DE CADA MISA, EL PAPA SE REÚNE CON LOS MONAGUILLOS Y LOS MINISTROS QUE LO ASISTEN EN LA LITURGIA Y POSA CON ELLOS PARA UNA FOTOGRAFÍA, QUE SE CONVIERTE EN UN RECUERDO IMPORTANTE.

ᴠ ORGULLO DE SERVIR
Siempre hay monaguillos que ayudan en la misa en la Basílica de San Pedro. Es un honor especial poder asistir al Papa en misa.

❯ CARAS EXPECTANTES
Antes de la misa, los monaguillos y los diáconos aguardan en el crucero a la llegada del Papa desde su residencia en la vecina Casa Santa Marta.

ᴀ PRENDIDO DE LAS VELAS
Un sacristán prende las velas de los candelabros de plata y prepara el altar para la misa en el crucero de la basílica.

MISA ESPECIAL

MISA POR LOS CARDENALES FALLECIDOS

Un joven diácono pregunta al Papa
si podría posar para una *selfie* con él.
El Papa bromea y pregunta si está
permitido tomar *selfies* en San Pedro.

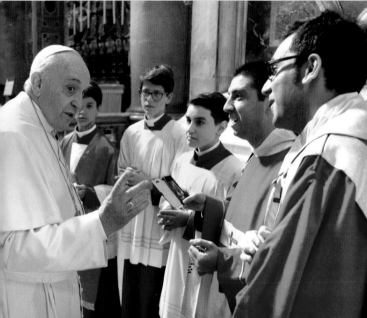

‹ POSANDO ANTE LA CÁMARA
El papa Francisco posa para una
fotografía ante el fotógrafo papal
Giuseppe Felici, para satisfacción de
los presentes.

∧ JOVEN DILIGENCIA
Los monaguillos prestan una valiosa
ayuda asistiendo al Papa y a sus
ministros en la misa, y llevan a cabo sus
tareas con gran cuidado y atención.

⋏ SENCILLEZ Y ARTE
Aunque el papa Francisco lleva una vida
sencilla, está siempre rodeado de un
patrimonio artístico de siglos, obra de
algunos de los mayores artistas del mundo.

A BÁCULO DE PLATA
El papa Francisco lleva un báculo de
plata con la figura de Cristo crucificado,
obra del artista italiano Lello Scorzelli
para el papa Pablo VI en 1965.

▼ **EXUBERANTE JUVENTUD**
Al papa Francisco le gusta mucho reunirse con jóvenes,
que están felices de acercarse a él y ansiosos de registrar
el encuentro con sus cámaras y teléfonos.

Comienzan los preparativos para recibir a los miles de visitantes que llegan al Vaticano en Navidad. En la plaza de San Pedro se erige un gran árbol de Navidad junto al nacimiento, que se mantendrá allí hasta febrero del año siguiente.

La fiesta de la Inmaculada Concepción tiene lugar el 8 de diciembre y conmemora la concepción de la Virgen María. Para la ocasión, el Papa cruza la ciudad para rendir homenaje a la estatua de la Inmaculada Concepción, junto a la escalinata de la plaza de España.

Cuatro días más tarde, el papa Francisco celebra la fiesta de Nuestra Señora de Guadalupe. El 9 de diciembre de 1531, el pastor mexicano Juan Diego Cuauhtlatoatzin afirmó haber tenido la visión de la Virgen en Guadalupe. En el lugar se construyó una iglesia, y la devoción por María se extendió por toda Latinoamérica.

El papa Francisco ha profesado siempre una gran devoción por la Virgen de Guadalupe. Es por ello que el 12 de diciembre de 2014 resuenan en la Basílica de San Pedro los acordes de una misa criolla, con piano, guitarra y otros instrumentos.

Poco después de Navidad el Papa se reúne con miembros de la Curia Romana en la Sala Clementina del Palacio Apostólico para felicitarse mutuamente. En 2014, el Papa sorprende a su audiencia al enumerar quince «enfermedades» que en ocasiones caracterizan el trabajo de sus miembros, entre las que se cuentan la arrogancia, el sentimiento de superioridad, la rivalidad y la vanagloria. Esta clara reprimenda se anticipa a la reforma de la Curia que tiene lugar al año siguiente.

La temporada litúrgica comienza con la Nochebuena, cuando el Papa celebra misa en la Basílica de San Pedro. A continuación, el pontífice va en procesión hasta el nacimiento de la basílica, donde está la figura del niño Jesús en el pesebre.

Al día siguiente el Papa celebra de nuevo misa en la basílica, y a mediodía da el sermón de Navidad, que se retransmite a todo el mundo.

En los días posteriores a la Navidad, el Papa disfruta de un merecido descanso, mientras muchos de sus compañeros de la Casa Santa Marta se van a visitar a sus familias.

El último día del año, el papa Francisco dirige la celebración de las Vísperas, servicio de oración de la noche que es seguido por el canto del *Te Deum*. Cuando llega la medianoche, las grandes campanas de la torre de San Pedro se lanzan a dar la bienvenida al nuevo año.

∧ PRIMER NACIMIENTO
La tradición atribuye la creación de la primera escena del nacimiento a San Francisco de Asís, en el siglo XII. Muchas iglesias disponen uno de ellos en Navidad.

< NUESTRA SEÑORA DE LOURDES
Jóvenes sacerdotes, que siguen cursos de posgrado en Teología, sostienen copones que contienen hostias que se consagran durante la misa del día de Nuestra Señora de Lourdes.

> SERVIR A LOS DÉBILES
«Tener la valentía de proclamar, en nuestra ciudad, que hay que defender a los pobres, y no defenderse de los pobres, que hay que servir a los débiles y no servirse de los débiles», predica el Papa.

DICIEMBRE

LA INMACULADA CONCEPCIÓN Y EL NACIMIENTO DE JESÚS

EL 8 DE DICIEMBRE, EL PAPA FRANCISCO CRUZA LA CIUDAD DE ROMA PARA RENDIR HOMENAJE A LA

✝ ESTATUA DE LA INMACULADA CONCEPCIÓN, JUNTO A LA ESCALINATA DE LA PLAZA DE ESPAÑA. LA FIESTA DE

LA INMACULADA CONCEPCIÓN CELEBRA LA CONCEPCIÓN DE LA VIRGEN MARÍA. MILES DE PERSONAS

ABARROTAN EL LUGAR CON LA ESPERANZA DE VER AL PAPA. ALGUNOS DE ELLOS TIENEN SUERTE, PUES

FRANCISCO SUELE DETENERSE EN LA VIA CONDOTTI PARA SALUDAR A LOS FIELES. COMO ES HABITUAL,

VIAJA EN SU FORD FOCUS CON UNA ESCOLTA DE DOS MOTORISTAS ITALIANOS.

HOMENAJE A MARÍA

FIESTA DE LA INMACULADA CONCEPCIÓN

⋀ SALUDO A LA MULTITUD
De camino a la estatua de la Inmaculada
Concepción, el papa Francisco baja de
su Ford Focus para saludar a la multitud
que lo espera en la Via Condotti.

Y HOMENAJE

El papa Francisco rinde homenaje a la estatua de la Inmaculada Concepción, en la plaza de España. Miles de personas abarrotan el lugar y las calles adyacentes.

A ORACIÓN A MARÍA

«María, enséñanos a ir a contracorriente: a despojarnos, a abajarnos, a donarnos, a escuchar, a hacer silencio, a descentrarnos de nosotros mismos, para dejar espacio a la belleza de Dios, fuente de la verdadera», reza el Papa.

A DIOS MISERICORDIOSO

«Haz que también en nosotros, tus hijos, la gracia prevalezca sobre el orgullo y podamos llegar a ser misericordiosos como es misericordioso nuestro Padre», reza el papa Francisco.

EL 9 DE DICIEMBRE DE 1531, EL PASTOR MEXICANO JUAN DIEGO CUAUHTLATOATZIN AFIRMÓ HABER TENIDO LA VISIÓN DE LA VIRGEN EN GUADALUPE. DESDE ENTONCES, LA DEVOCIÓN POR LA VIRGEN SE EXTENDIÓ POR TODA LATINOAMÉRICA Y EL SANTUARIO DE GUADALUPE SE CONVIRTIÓ EN EL MÁS VISITADO DEL CATOLICISMO, CON MÁS DE SIETE MILLONES DE VISITAS ANUALES. EL PAPA HA PROFESADO SIEMPRE GRAN DEVOCIÓN POR LA VIRGEN, Y EL 12 DE DICIEMBRE DE 2014 CELEBRA UNA MISA CRIOLLA POR NUESTRA SEÑORA DE GUADALUPE, CON LOS ACORDES DE PIANO, GUITARRA Y OTROS INSTRUMENTOS.

▲ TRAJES REGIONALES
Algunos jóvenes llevan banderas de países latinoamericanos. Nuestra Señora de Guadalupe es considerada santa patrona de las Américas.

MISA CRIOLLA

FIESTA DE NUESTRA SEÑORA DE GUADALUPE

> **LA CAPA DE SAN JUAN**
Esta imagen es una copia de la capa de
San Juan, que data de mediados del
siglo XVI. Es la imagen más popular
de la Virgen en Latinoamérica.

< **CORO Y MÚSICOS**
«Cuando escuché por primera vez la misa
criolla era estudiante –recuerda el Papa–.
Me gustó mucho el *Cordero de Dios*, que
es de una belleza impresionante.»

ᐱ **EN EL ALTAR MAYOR**
El papa Francisco llega al Altar Mayor. En
su homilía dice que María «corrió
presurosa a abrazar también a los nuevos
pueblos americanos, en dramática gestación».

ᐱ **TRADICIONES NATIVAS**
Roma cuenta con una gran población de
inmigrantes de América Latina, y muchos
de ellos mantienen con orgullo sus
tradiciones, idioma, cultura y religión.

EL 17 DE DICIEMBRE, EL PAPA FRANCISCO CELEBRA SU CUMPLEAÑOS. A JORGE BERGOGLIO, EN ARGENTINA, LE HABRÍA RESULTADO INCONCEBIBLE PENSAR QUE CELEBRARÍA SUS PRÓXIMOS CUMPLEAÑOS EN EL VATICANO. PESE A LA APRETADA AGENDA QUE DEBE SEGUIR CADA DÍA, ES EVIDENTE QUE EL PAPA FRANCISCO DISFRUTA DE SU NUEVA VOCACIÓN. A MENUDO CONFIESA A SUS VISITANTES QUE LE RESULTA ESTIMULANTE CONOCER A TANTAS PERSONAS DISTINTAS, Y SABER QUE PUEDE AYUDAR A CAMBIAR LA PERCEPCIÓN PÚBLICA DE TANTOS PROBLEMAS.

△ FELICITACIÓN DE CUMPLEAÑOS
Asistentes de la audiencia general del 17 de diciembre de 2014 le desean al Papa feliz cumpleaños en su propio idioma, cuando el pontífice se acerca al podio.

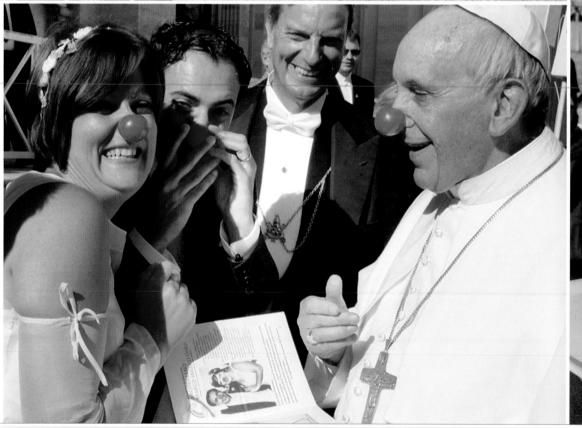

➤ ALEGRÍA COMPARTIDA
El Papa se pone una nariz de payaso al saludar a dos recién casados de la asociación Arcobaleno Marco Iagulli Onlus, que anima a los niños enfermos.

FELIZ CUMPLEAÑOS
CELEBRACIÓN DEL 78 CUMPLEAÑOS DEL PAPA FRANCISCO

‹ SOPLANDO VELAS

En 2014, el cumpleaños del papa Francisco cae en miércoles, el día de la audiencia general. Recibe un pastel de cumpleaños de un admirador y se presta a soplar las velas.

∨ PROBÁNDOSE UN SOMBRERO

Muchas personas le ofrecen al Papa sombreros y bufandas de sus lugares de origen. Se prueba este sombrero alpino pero, como de costumbre, lo devuelve a su propietario.

∧ NIÑO CON GLOBO

Un niño que lleva un llamativo globo le desea al Papa un feliz cumpleaños al inicio de la audiencia general en la plaza de San Pedro el 17 de diciembre de 2014.

LAS CELEBRACIONES LITÚRGICAS DE LA TEMPORADA COMIENZAN EN NOCHEBUENA, CUANDO EL PAPA CELEBRA MISA, CON LA ASISTENCIA DE MIEMBROS DEL CUERPO DIPLOMÁTICO, EN LA BASÍLICA DE SAN PEDRO. A CONTINUACIÓN, EL PONTÍFICE VA EN PROCESIÓN HASTA EL NACIMIENTO JUNTO AL ATRIO, DONDE ESTÁ LA IMAGEN DEL NIÑO JESÚS EN EL PESEBRE. CADA AÑO, LOS CARPINTEROS DEL VATICANO CONSTRUYEN UN NACIMIENTO CON FIGURAS DE TAMAÑO NATURAL. MIENTRAS EL CORO, CON LA BANDA DE MÚSICA, CANTA EL HIMNO FESTIVO *ADESTE FIDELES*, LA CONGREGACIÓN SE DISPERSA.

< IMAGEN DEL NIÑO JESÚS
Tras la misa, el papa Francisco reverencia la imagen de yeso del niño Jesús, en el nacimiento de la Basílica de San Pedro.

Λ CARDENALES RESIDENTES
Los cardenales que residen en Roma celebran la misa con el Papa, mientras que los cardenales diocesanos lo hacen en sus catedrales en todo el mundo.

NOCHEBUENA
CELEBRACIÓN DE LA MISA DEL GALLO

> HÁBITOS SENCILLOS

Incluso en las más solemnes ocasiones, el papa Francisco insiste en llevar ropa sencilla, como su mitra, que es la que usa desde sus tiempos en Argentina.

∧ INTERCAMBIO DE GORROS

Un chico le ofrece a Francisco un *zucchetto*. El Papa, divertido, lo intercambia por el suyo, que pone en la cabeza del chico.

∧ AYUDANTES DE LITURGIA

En todas las liturgias, el Papa está acompañado por dos o cuatro diáconos (delante) y asistido por dos maestros de Ceremonias Litúrgicas papales (detrás).

EL DÍA DE NAVIDAD, EL PAPA FRANCISCO FELICITA LAS FIESTAS DESDE EL BALCÓN CENTRAL DE LA BASÍLICA DE SAN PEDRO. SU MENSAJE SE RETRANSMITE A TODO EL MUNDO. ES UNA GRAN RESPONSABILIDAD SER EL LÍDER ESPIRITUAL DE LOS 1 200 MILLONES DE CATÓLICOS DEL MUNDO. SON TANTOS LOS FIELES QUE TIENEN PUESTAS EN ÉL SU CONFIANZA Y SU ESPERANZA QUE RESULTA DIFÍCIL SATISFACER TAN DIVERSAS EXPECTATIVAS. FRANCISCO, SIN EMBARGO, ES PRAGMÁTICO Y DICE QUE SÓLO PUEDE TRATAR DE HACER LO QUE CREE QUE DIOS LE PIDE QUE HAGA.

DÍA DE NAVIDAD

EL PAPA FRANCISCO DA LA BENDICIÓN *URBI ET ORBI*

> BANDERA MEXICANA
La bandera que hacen ondear estos chicos
es un recordatorio de que el 90% de la
población de México es católica, y es
la segunda mayor después de Brasil.

⋀ MENSAJE DE NAVIDAD
El día de Navidad, el Papa da el mensaje
Urbi et Orbi (A la ciudad y al mundo) desde
el balcón central de la Basílica de San Pedro.
Su alocución se transmite a todo el mundo.

POR NAVIDAD EN ROMA SE RESPIRA UN AMBIENTE MUY ESPECIAL. EN EL PASADO, LOS PASTORES LLEGABAN DE LAS ZONAS RURALES DE LOS ALREDEDORES Y TOCABAN TONADAS FESTIVAS, Y EN LAS CALLES SE VENDÍAN CASTAÑAS TOSTADAS. HOY, MUCHAS DE ESTAS TRADICIONES HAN DESAPARECIDO, PERO EL NACIMIENTO DE LA PLAZA DE SAN PEDRO SE MANTIENE AÑO TRAS AÑO. VARIAS REGIONES DE ITALIA COMPITEN ENTRE SÍ PARA PRESENTAR EL GRAN ESCENARIO Y LAS TRABAJADAS FIGURAS DE TERRACOTA, QUE SON VISTAS POR MILES DE VISITANTES.

◄ ORACIÓN ANTE EL NACIMIENTO
Tras el *Te Deum* y las Vísperas, el 31 de diciembre, el papa Francisco va a rezar frente al nacimiento situado en la plaza de San Pedro.

NOCHEVIEJA
ORACIÓN ANTE EL NACIMIENTO

> **CÁLIDO OBSEQUIO**
El papa Francisco se protege del frío con
una bufanda de lana, obsequio de Emilia
Orlandi, de 102 años de edad, a la que el
Papa llamó por teléfono para agradecerle.

EL AÑO TERMINA EN EL VATICANO LA NOCHE DEL 31 DE DICIEMBRE, CUANDO EL PAPA DIRIGE
LA CELEBRACIÓN DE LAS VÍSPERAS, LA ORACIÓN VESPERTINA DE LA IGLESIA. LE SIGUE EL *TE DEUM*,
HIMNO CRISTIANO EN ALABANZA DE DIOS, COMPUESTO EN EL SIGLO IV. AL LLEGAR LA MEDIANOCHE,
LAS GRANDES CAMPANAS DE SAN PEDRO SE LANZAN A DAR UNA ALEGRE BIENVENIDA AL NUEVO
AÑO. COMO EN MUCHOS PAÍSES DEL MUNDO, EL FINAL DE UN AÑO Y EL INICIO DEL SIGUIENTE SON
ACOMPAÑADOS POR CELEBRACIONES.

∧ VÍSPERAS
Miembros del Colegio Cardenalicio
se arrodillan durante las Vísperas, la
oración vespertina de la Iglesia, para
señalar la última noche del año.

UN NUEVO AÑO

TE DEUM, VÍSPERAS Y REPIQUE DE CAMPANAS

ᐯ TRAEDNOS A LOS POBRES
«Un sencillo diácono romano nos puede ayudar.
Cuando pidieron a San Lorenzo que mostrara
los tesoros de la Iglesia, llevó sencillamente a
algunos pobres», predica el papa Francisco.

ᐸ BENDICIÓN
Al final de la plegaria vespertina, el
papa Francisco da su bendición con
la custodia, que contiene la hostia
consagrada durante la misa.

ᐱ PETICIÓN DE GRACIA
«Nos hará bien pedir la gracia de
caminar en libertad para poder así
reparar los numerosos daños
ocasionados», aconseja el Papa.

Y **EL ÁRBOL DE NAVIDAD**
Cada año, un país o una región de
Italia ofrece un árbol de Navidad, que
se erige junto al nacimiento, frente a
la Basílica de San Pedro.

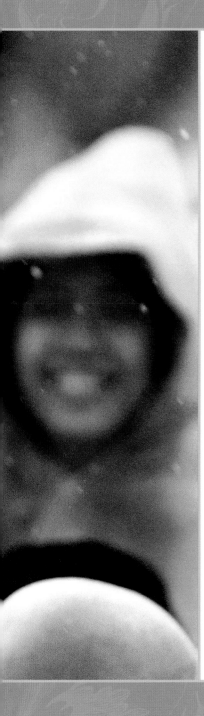

VISITAS PAPALES

 ## CONECTAR CON LA GENTE

Durante los primeros dos mil años, los papas viajaban muy poco y confiaban en sus representantes, como enviados o legados, para transmitir sus mensajes. En 1964, el papa Pablo VI (1963-1978) fue el primer pontífice que viajó fuera de Italia desde 1809, cuando el emperador Napoleón forzó al papa Pío VII a exiliarse a Savona. Pablo VI viajó de manera intensa y visitó 19 países en los cinco continentes durante su pontificado. El papa Juan Pablo I, su sucesor, vivió apenas un mes, pero el papa Juan Pablo II (1978-2005) recorrió el globo en 104 visitas pastorales internacionales. Era un auténtico políglota que se expresaba en más de diez idiomas. El papa Benedicto XVI (2005-2013) siguió con esa tradición viajera y visitó 25 países durante los ocho años de su pontificado. El papa Francisco ha mantenido también el reto de las visitas al extranjero y ha hecho cada año varios viajes internacionales.

Pocos meses después de su elección, el papa Francisco tiene noticia de la situación de los miles de inmigrantes africanos ilegales que pagan a las mafias de tráfico de personas para que los lleven desde Túnez hasta la pequeña isla de Lampedusa, el camino más corto entre África y Europa. Son muchos los que mueren ahogados en el trayecto a bordo de viejas embarcaciones de madera. Los que sobreviven son internados en los precarios campos de refugiados de la isla.

Al llegar a Lampedusa el 8 de julio de 2013, el Papa lanza una corona de flores a las aguas que han visto ahogarse a cientos de emigrantes. Se reúne con algunos de los jóvenes supervivientes. La visita hace que la atención del mundo se centre en el escándalo del tráfico de personas y el drama de la inmigración.

Dos meses más tarde, el 22 de septiembre, el Papa visita Cagliari, en Cerdeña, y anima a los jóvenes que luchan contra el desempleo.

El Papa viaja a la ciudad de Asís el 4 de octubre, para celebrar la fiesta de San Francisco, el santo del siglo XIII que le inspiró a elegir su nombre. Allí, advierte a la Iglesia contra la tentación de acumular riquezas y la insta a dedicar mayor atención a los pobres. «La pobreza es el centro del Evangelio. Jesús vino a predicar a los pobres; si vos sacás la pobreza del Evangelio no entendés nada, le sacás la médula», dirá en un entrevista.

El 21 de julio, el Papa viaja a Calabria. Hace su primera parada en la prisión de Castrovillari, donde se reúne con víctimas de la violencia de la mafia y da consuelo a un recluso, padre de un niño de tres años muerto en una de las guerras mafiosas. En la misa posterior, en Marina di Sibari, denuncia la «adoración del mal» de la mafia, insta a sus miembros a reformarse y confirma la excomunión de todos los mafiosos.

En su siguiente visita pastoral, el 5 de julio, a Campobasso in Molise, en el sur de Italia, el Papa visita de nuevo una prisión, donde confiesa que cada dos semanas llama por teléfono a una prisión en Buenos Aires y habla con jóvenes reclusos. Recordando una de esas visitas declara: «Almorcé con ellos, y cuando estaba charlando me venía a la cabeza: "Pensar que yo podría estar aquí"».

El 13 de septiembre de 2014, el Papa visita el memorial militar de Redipluglia para conmemorar el comienzo de la Primera Guerra Mundial. A estas alturas, ya todos saben que el papa Francisco prefiere visitar lugares periféricos antes que grandes ciudades. Es parte de su estilo de humildad, que ha conquistado a tantas personas.

ʌ HABLANDO CLARO
En la misa celebrada en Lampedusa, el Papa llama la atención del mundo sobre los inmigrantes ilegales que llegan del norte de África.

‹ DE CERCA
Una monja sigue la intervención del Papa en su visita a Asís.

› NOMBRE COMÚN
El papa Francisco celebra misa en el santuario mariano de Bonaria, en Cagliari (Cerdeña). La ciudad natal del Papa, Buenos Aires, toma su nombre de él.

VIAJES POR ITALIA

VISITAS PASTORALES CERCA DE CASA

✝ EL PAPA FRANCISCO ELIGE LA ISLA ITALIANA DE LAMPEDUSA PARA SU PRIMERA VISITA FUERA DE ROMA, EL 8 DE JULIO DE 2013. LA ISLA, A SÓLO 120 KILÓMETROS (75 MILLAS) AL NORTE DE TÚNEZ, ES DESDE HACE AÑOS EL REFUGIO TEMPORAL DE MILES DE INMIGRANTES AFRICANOS ILEGALES. EN LAS ÚLTIMAS DÉCADAS, DECENAS DE MILES DE ELLOS HAN HECHO LA PELIGROSA TRAVESÍA POR EL MEDITERRÁNEO EN BUSCA DE UNA NUEVA VIDA EN EUROPA. FRANCISCO QUIERE MOSTRAR SU SOLIDARIDAD TANTO A LOS INMIGRANTES COMO A LOS ISLEÑOS.

ᴠ ENCUENTRO CON INMIGRANTES

El Papa saluda a jóvenes inmigrantes musulmanes a su llegada a Lampedusa, donde estos habitantes temporales superan con mucho a una población de 6 000 isleños.

ᴧ ESCOLTA DE LA ARMADA

La Armada italiana acompaña al Papa a Lampedusa, en cuyas aguas lanza una corona de flores en memoria de los cientos de inmigrantes africanos ahogados.

˃ MISA

El papa Francisco celebra misa en un altar hecho con una de las embarcaciones de los traficantes. El cáliz está tallado en madera rescatada del mar.

LAMPEDUSA
MUESTRA DE SOLIDARIDAD

«Tenía que venir hoy aquí a rezar, a realizar un gesto de cercanía, pero también a despertar nuestras conciencias para que lo que ha sucedido no se repita», dice el Papa.

∧ LLAMADA A LOS POLÍTICOS

Durante la misa, el papa Francisco denuncia a los traficantes de personas, que sacan provecho de la miseria de los inmigrantes, e insta a los políticos a ayudar a las víctimas.

EL PAPA FRANCISCO VIAJA A LA CIUDAD DE ASÍS PARA CELEBRAR LA FIESTA DE SAN FRANCISCO, UNO DE LOS PATRONOS DE ITALIA E INSPIRADOR DE SU NOMBRE. COMIENZA SU VISITA, EL 4 DE OCTUBRE DE 2013, CON UN EMOTIVO ENCUENTRO CON JÓVENES DISCAPACITADOS EN EL INSTITUTO SERÁFICO DE ASÍS. MÁS TARDE, EN LA SALA EN LA QUE SAN FRANCISCO SE DESPOJÓ DE SU VALIOSA VESTIMENTA Y RENUNCIÓ A LOS BIENES MUNDANOS, EL PAPA INSTA A LOS CRISTIANOS A NO SER ARROGANTES NI CAER EN LA IDOLATRÍA DE LA RIQUEZA MATERIAL.

< TANDA DE APLAUSOS

Monjes franciscanos saludan al papa Francisco al marcharse del santuario de San Damián. Durante la misa ha hecho un llamamiento por el fin de la guerra.

▼ ATENTAS

Asís está repleta de visitantes y peregrinos durante la visita del Papa. Estas dos religiosas han encontrado un buen lugar de observación.

∧ BENDICIÓN

En la misa, el Papa bendice a los congregados con el Evangelio. Reza para que el odio dé paso al amor, la injuria al perdón, y la discordia a la unidad.

∧ MISA AL AIRE LIBRE

En la misa celebrada en la plaza, frente a la basílica en la que está enterrado San Francisco, el Papa reza también por el bienestar de los italianos.

ASÍS

CELEBRACIÓN DE SAN FRANCISCO

< VISITA A LA ERMITA
El papa visita la ermita de Eremo delle
Carceri, a las afueras de Asís, donde San
Francisco se retiraba a menudo para orar
en soledad.

v FRESCOS MEDIEVALES
La basílica gótica de San Francisco, del
siglo XIII, está decorada con frescos
de algunos de los mejores artistas
medievales, como Cimabue y Giotto.

▲ BENDICIÓN PAPAL
En su visita al Instituto Seráfico, un
centro de rehabilitación para jóvenes
discapacitados, el Papa se detiene a
bendecir a uno de los pacientes.

EL SUR DE ITALIA HA SIDO SIEMPRE EL BARRIO POBRE DEL PRÓSPERO NORTE. PARA MUCHAS DE SUS PRIMERAS VISITAS COMO PONTÍFICE, EL PAPA FRANCISCO SE DECANTA POR ZONAS DEL SUR EN LAS QUE EL CRIMEN, LA POBREZA Y LA CORRUPCIÓN SON UN MEDIO DE VIDA. ANIMA A LA GENTE A VIVIR CON RECTITUD Y HONESTIDAD, Y RECALCA QUE LA MAFIA Y OTRAS ORGANIZACIONES CRIMINALES HAN SIDO EXCOMULGADAS POR LA IGLESIA. SE TRATA DE LA CONDENA MÁS EXPLÍCITA AL CRIMEN ORGANIZADO QUE HAYA HECHO NUNCA UN PAPA.

< MISA EN EL ESTADIO
En la misa en el estadio de Molise el 5 de julio de 2014, el papa Francisco expresa su esperanza de que termine el azote del desempleo en la zona.

> CONTRA EL CRIMEN
El 21 de junio de 2014, el papa Francisco celebra una misa al aire libre en Sibari, en Calabria. Su ataque al crimen organizado provoca encendidos aplausos.

∧ PORRISTAS DEL PAPA
El Papa saluda a los congregados en la plaza de la catedral de Isernia, en Molise, el 5 de julio de 2014. Hace un llamamiento a un reparto equitativo de la riqueza.

SUR DE ITALIA
ALEGATO CONTRA EL CRIMEN

< CONTRA EL CRIMEN ORGANIZADO

Una gran pancarta que dice «Contra la Camorra», en alusión al crimen organizado, saluda al papa Francisco en Caserta, Campania, el 26 de julio de 2014.

∨ HABLANDO CLARO

El 21 de junio de 2014, en Sibari, el Papa condena a la mafia por su «adoración del mal», y confirma la excomunión de sus miembros.

> FRAILES LECTORES

Dos frailes protegen sus cabezas del sol con periódicos, mientras esperan a que el Papa llegue a la Catedral de Isernia el 5 de julio de 2014.

EN SU VISITA AL MEMORIAL DE REDIPUGLIA EL 13 DE SEPTIEMBRE DE 2014 PARA CONMEMORAR EL INICIO DE LA PRIMERA GUERRA MUNDIAL, EL PAPA RECUERDA QUE SU ABUELO, CARLO GIOVANNI BERGOGLIO, HABÍA SERVIDO CIEN AÑOS ATRÁS COMO OPERADOR DE RADIO EN UN CAMPO DE BATALLA CERCANO. DURANTE LA MISA EN EL CEMENTERIO, EL PAPA FRANCISCO AFIRMA: «HOY, TRAS EL SEGUNDO FRACASO DE OTRA GUERRA MUNDIAL, QUIZÁ SE PUEDE HABLAR DE UNA TERCERA GUERRA COMBATIDA "POR PARTES", CON CRÍMENES, MASACRES, DESTRUCCIONES…».

REDIPUGLIA
UN DÍA DE RECUERDO

⌄ RECUERDO

El Papa pasea por el cementerio en el que descansan 100 000 soldados italianos muertos en el campo de batalla en el norte de Italia.

⌄ OFRENDA FLORAL

El Papa hace una ofrenda floral. «Escuché muchas historias dolorosas sobre la guerra de labios de mi abuelo», dice.

⌄ RECUERDO DE FAMILIARES

Bergoglio no es un apellido frecuente, y en esa visita el Papa supo de algunos familiares suyos que murieron en acto de servicio.

⌃ MONJAS DE LA CRUZ ROJA

«Veo a la Iglesia como un hospital de campaña tras una batalla. ¡Qué inútil es preguntarle a un herido si tiene altos el colesterol o el azúcar! Hay que curarle las heridas.»

El papa Francisco ha acometido un número significativo de viajes pastorales. Apenas cuatro meses después de ser elegido en marzo de 2013, visita Río de Janeiro, en Brasil, en el Día Mundial de la Juventud, un evento que dura toda una semana. Está siempre rodeado de jóvenes. Uno de sus actos más representativos es la inauguración de un centro de rehabilitación de drogas en el hospital San Francisco de Asís, ocasión en la que critica los planes de algunos países latinoamericanos de liberalizar las leyes sobre drogas.

Entre el 24 y el 26 de mayo de 2014, viaja a Tierra Santa, en una visita que comienza en Jordania, donde reza en el lugar del río Jordán en que Jesús fue bautizado, antes de reunirse con refugiados y jóvenes discapacitados. Tras atravesar Israel, celebra misa en Belén y se reúne con niños palestinos en un campo de refugiados.

El tema del encuentro en Jerusalén entre el Papa y el patriarca Bartolomé I de Constantinopla es la reconciliación. Ambos líderes rezan juntos y firman una declaración conjunta. En la Ciudad Santa, el Papa acude a una reunión en el Memorial Yad Vashem para conmemorar a los muertos en el Holocausto.

El papa Francisco hace su primer viaje a Asia entre el 13 y el 18 de agosto de 2014, con una visita a Corea del Sur, donde más del 10 por ciento de la población es católica. En Corea del Norte el cristianismo es oficialmente perseguido, y el papa Francisco anima al diálogo entre las dos Coreas. En una misa en Seúl, beatifica a 124 coreanos que murieron por su fe en el siglo XIX.

El primer viaje europeo del Papa, y el primero a un país de mayoría musulmana, tiene lugar en Albania en septiembre de 2014. En su época comunista, Albania era el único país oficialmente ateo del mundo, y la religión era perseguida. Hoy, los albaneses son libres de seguir sus creencias religiosas. Francisco alaba la coexistencia pacífica de las distintas religiones y grupos étnicos. Éste será el tema de la visita de tres días del Papa a Turquía, que se inicia el 28 de noviembre de 2014.

Su segunda visita a Asia comienza el 12 de enero de 2015 en Sri Lanka. Los católicos son allí una minoría, pero la visita del Papa fomenta el diálogo en un país que se recupera tras la guerra civil. Su viaje sigue en Filipinas, donde consuela a los supervivientes del tifón *Yolanda*. Varios millones de personas asisten a la misa de fin de viaje en Manila.

∧ APRETÓN DE MANOS
Un sacerdote hindú estrecha la mano del Papa tras obsequiarle un chal en un encuentro interconfesional en Colombo, Sri Lanka, el 13 de enero de 2015.

❯ INSTANTÁNEA
Un sacerdote toma una fotografía del papa Francisco durante la misa por los líderes católicos locales en la Catedral de Manila, el 16 de enero de 2015.

VIAJES AL EXTRANJERO

VISITAS PASTORALES MÁS LEJANAS

EL PRIMER VIAJE AL EXTRANJERO DEL PAPA FRANCISCO TRAS SU ELECCIÓN EN 2013 LE LLEVA A BRASIL.

✝ SE PROLONGA ENTRE EL 22 Y EL 29 DE JULIO Y CULMINA CON UNA MISA AL AIRE LIBRE EN LA PLAYA DE COPACABANA, EN RÍO DE JANEIRO, EN EL DÍA MUNDIAL DE LA JUVENTUD, ANTE UNOS TRES MILLONES DE CREYENTES. EL PAPA LATINOAMERICANO RECIBE UNA CALUROSA BIENVENIDA A LA CIUDAD, DONDE ACUDE A UN CENTRO DE REHABILITACIÓN PARA JÓVENES DROGADICTOS Y VISITA DURANTE VARIAS HORAS LAS FAVELAS. INSISTE EN PRESCINDIR DE SEGURIDAD Y SE DESPLAZA EN UN PEQUEÑO AUTO.

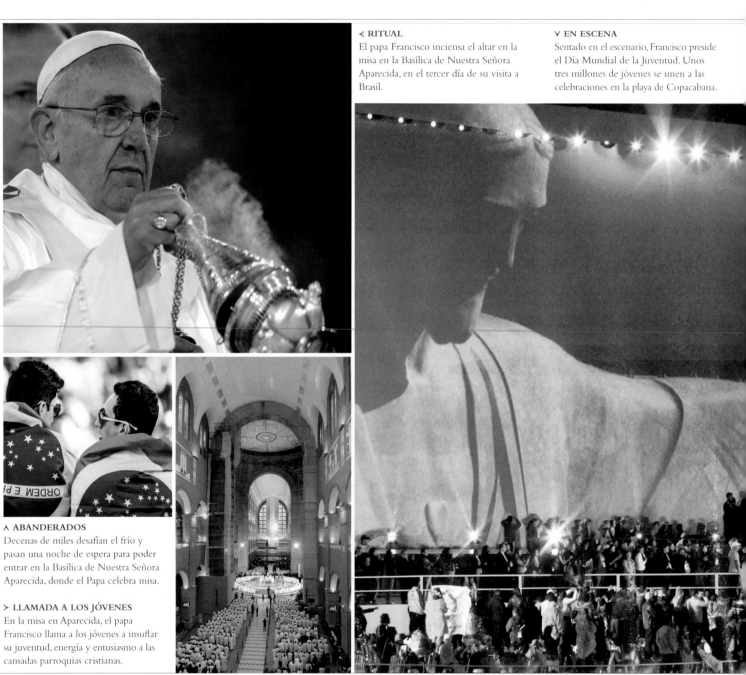

‹ RITUAL
El papa Francisco inciensa el altar en la misa en la Basílica de Nuestra Señora Aparecida, en el tercer día de su visita a Brasil.

ᐁ EN ESCENA
Sentado en el escenario, Francisco preside el Día Mundial de la Juventud. Unos tres millones de jóvenes se unen a las celebraciones en la playa de Copacabana.

ᐱ ABANDERADOS
Decenas de miles desafían el frío y pasan una noche de espera para poder entrar en la Basílica de Nuestra Señora Aparecida, donde el Papa celebra misa.

› LLAMADA A LOS JÓVENES
En la misa en Aparecida, el papa Francisco llama a los jóvenes a insuflar su juventud, energía y entusiasmo a las cansadas parroquias cristianas.

BRASIL

LA ENERGÍA DEL NUEVO MUNDO

< MONJAS JUBILOSAS
El Día Mundial de la Juventud es también el día de los jóvenes de corazón, y la alegría es algo contagioso. Estas monjas se unen a la celebración desde su balcón.

∨ NIÑOS DEL MUNDO
El carácter internacional de la Iglesia es bien visible en los eventos del Día Mundial de la Juventud, en los que se reúnen jóvenes de todo el planeta.

> ¡GOL!
Siempre hay momentos para divertirse además de para rezar. Uno de los atractivos de encuentros internacionales como el Día Mundial de la Juventud es la posibilidad de hacer nuevas amistades.

∧ INSTANTÁNEA
Obispos y arzobispos toman fotos antes de que comience la misa en Copacabana, durante el Día Mundial de la Juventud.

Y MAR DE PEREGRINOS
Los peregrinos que asisten al Día Mundial de la
Juventud llenan la playa de Copacabana en Río
de Janeiro el 28 de julio de 2013, a la espera de la
misa con la que el Papa concluye su viaje a Brasil.

> EXUBERANCIA JUVENIL
Jubilosos jóvenes esperan la llegada del papa Francisco a la playa de Copacabana, para la misa. Muchos de ellos han pasado la noche en la playa.

EL PAPA FRANCISCO VIAJA A TIERRA SANTA DEL 24 AL 26 DE MAYO DE 2014. EL OBJETIVO PRINCIPAL DEL VIAJE ES CONMEMORAR EL 50 ANIVERSARIO DEL ENCUENTRO ENTRE EL PAPA PABLO VI Y ANTENÁGORAS, PATRIARCA DE CONSTANTINOPLA, EN JERUSALÉN. EL PAPA VISITA JORDANIA Y CONTINÚA DESPUÉS A ISRAEL, PERO SORPRENDE A SUS ANFITRIONES CON UNA PARADA IMPREVISTA EN EL MURO DE SEPARACIÓN DE BELÉN, QUE DIVIDE LA CIUDAD PALESTINA DE ISRAEL. DURANTE SU VISITA, FRANCISCO BUSCA REUNIR A LOS LÍDERES ISRAELÍ Y PALESTINO.

TIERRA SANTA

TRAS LOS PASOS DE JESÚS

▲ MURO DE LAS LAMENTACIONES
Siguiendo la tradición judía, el Papa ora en silencio por la paz en el Muro de las Lamentaciones, base del antiguo Templo de Jerusalén.

➤ PADRE NUESTRO
El papa Francisco mete
una copia del *Padre Nuestro*,
manuscrito en su español
nativo, en una grieta del
Muro de las Lamentaciones.

◂ REUNIÓN DE AMIGOS
El rabino Abraham Skorka y el imán
Omar Abboud, amigos de Jorge Bergoglio
antes de ser Papa, le ayudan a organizar la
visita papal a Tierra Santa.

EL PAPA FRANCISCO VE CUMPLIRSE UN VIEJO SUEÑO CUANDO FINALMENTE VISITA ASIA EN AGOSTO DE 2014. SU PRIMERA PARADA ES COREA DEL SUR, DONDE PASA CINCO DÍAS. EN EL PAÍS VIVEN 5.4 MILLONES DE CATÓLICOS, 10 POR CIENTO DE LA POBLACIÓN. DURANTE SU VISITA, EL PAPA BEATIFICA 124 COREANOS QUE MANTUVIERON VIVA LA FE EN EL SIGLO XIX, EN UN PERIODO DE PERSECUCIÓN. SI BIEN SÓLO 3 POR CIENTO DE ASIA ES CATÓLICA, LA IGLESIA CRECE ALLÍ RÁPIDAMENTE, CON UN NÚMERO MAYOR DE BAUTISMOS EN 2014 QUE EN EUROPA.

⋀ RECONCILIACIÓN
En la misa de reconciliación en la Catedral de Myeong-dong, el Papa saluda a mujeres vendidas como esclavas sexuales en la Segunda Guerra Mundial.

⋁ PERDÓN
El Papa ha retrasado el encuentro con 5 000 monjas porque estaba bendiciendo 60 niños discapacitados. Las monjas disculpan su tardanza al saber el motivo.

COREA DEL SUR
TIERRA DE MÁRTIRES

◄ CONVERSACIONES DE PAZ

Han Yang-won, presidente de la Asociación Coreana de la Religión Nativa, encabeza una delegación de líderes religiosos en la Catedral de Myeong-dong.

∨ REFLEXIÓN CALLADA

Un momento de tranquilidad en el lugar de nacimiento de San Andrés Kim Taegon (1821-1846), el primer sacerdote coreano, bautizado a los 15 años y torturado y decapitado a los 25.

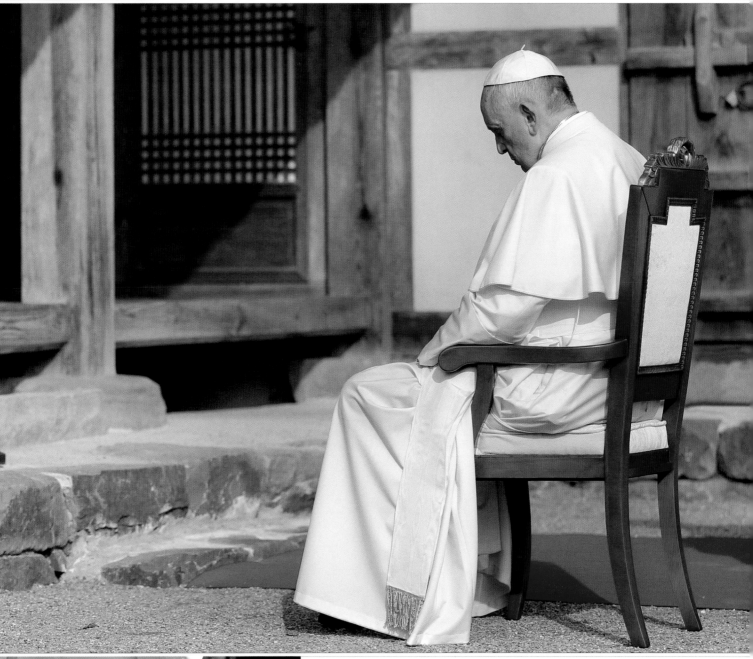

◄ PACIENCIA RECOMPENSADA

Una niña espera para conocer al papa Francisco al final de su visita a la Basílica de Solmoe, cuna del catolicismo en Corea.

✝ **EL PAPA FRANCISCO ELIGE ALBANIA PARA SU PRIMERA VISITA OFICIAL A EUROPA, EL 21 DE** SEPTIEMBRE DE 2014. ES UN PAÍS IGNORADO POR LOS LÍDERES MUNDIALES, CON UNA POBLACIÓN MUSULMANA DE 56.7 POR CIENTO Y UN 10 POR CIENTO DE CATÓLICOS. EL PAPA EXPLICA QUE EL MOTIVO PARA ESTA VISITA ES LA "EJEMPLAR COEXISTENCIA PACÍFICA DE LA GENTE". EL PAPA HARÁ SU VISITA MÁS BREVE AL EXTRANJERO –SÓLO POR UNAS HORAS– CUANDO HABLE ANTE LOS DELEGADOS DE LOS 28 ESTADOS MIEMBROS DEL PARLAMENTO EUROPEO EN ESTRASBURGO EL 25 DE NOVIEMBRE DE 2014.

▲ SALUDOS PARA UN VIAJE SEGURO
Las autoridades italianas colaboran con el Vaticano para garantizar la seguridad del Papa. En el aeropuerto de Fiumicino, saluda a la multitud antes de embarcar en su vuelo a Albania.

▼ DURA INTERVENCIÓN
El Papa deja el Parlamento Europeo con el presidente de la cámara, Martin Schultz, a su izquierda. En su intervención, el Papa afirma que Europa está dominada por la tecnología y la economía, «en detrimento de una orientación antropológica».

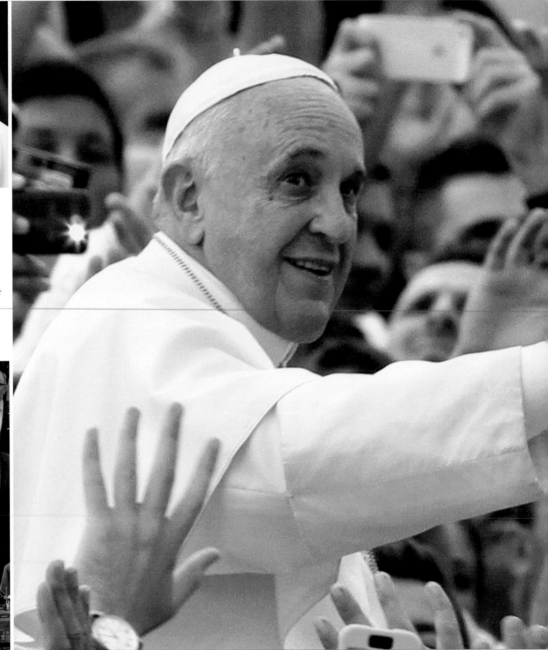

EUROPA

LA PRIMERA VISITA EUROPEA FUERA DE ITALIA

> **TRISTE RECUERDO**

Pancartas en el exterior de la misa en Tirana, la capital de Albania, muestran 40 mártires católicos asesinados por el régimen comunista en el siglo XX. Entre los masacrados había obispos, sacerdotes, monjas y laicos.

∧ **ORACIÓN**

Una joven monja albanesa reza durante una misa al aire libre celebrada por el Papa en la plaza de la Madre Teresa, en Tirana. La plaza lleva el nombre de la Madre Teresa de Calcuta, cuyos padres eran albaneses.

< **SALUDOS EN ARMONÍA**

El Papa destaca que Albania es un ejemplo de armonía religiosa e insta a no utilizar a Dios «como un escudo humano [...] para justificar actos de violencia y opresión».

241

✝ EL MOTIVO DEL VIAJE DE TRES DÍAS A TURQUÍA, UN PAÍS PRIORITARIAMENTE MUSULMÁN, ES SOBRE TODO POR EL DESEO DEL PAPA FRANCISCO DE ESTRECHAR RELACIONES CON LA IGLESIA ORTODOXA, PERO TAMBIÉN PARA TENDER PUENTES CON EL ISLAM. DURANTE SU VISITA, QUE TIENE LUGAR ENTRE EL 28 Y EL 30 DE NOVIEMBRE DE 2014, EL PAPA VISITA ESTAMBUL, DONDE CELEBRA MISA EN LA CATEDRAL DEL ESPÍRITU SANTO, Y ES INVITADO POR EL GRAN MUFTI DE ESTAMBUL A VISITAR LA HISTÓRICA MEZQUITA AZUL.

▲ BENDICIONES
Un momento emotivo en la Iglesia Patriarcal de San Jorge, en Estambul, cuando el papa Francisco se inclina para recibir la bendición del patriarca ortodoxo Bartolomé I.

➤ PALOMA DE LA PAZ
El papa Francisco libera una paloma blanca cuando llega para celebrar misa en la Catedral del Espíritu Santo de Estambul, el segundo día de su visita a Turquía.

TURQUÍA
UNA MANO TENDIDA A LA AMISTAD

< FIESTA DE SAN ANDRÉS

El papa Francisco celebra misa en la fiesta de San Andrés en la Catedral del Espíritu Santo de Estambul, una construcción de estilo barroco de 1846.

∨ DIÁLOGO INTERCONFESIONAL

El papa Francisco, invitado del Gran Mufti en la mezquita del Sultán Ahmet, o Mezquita Azul, insta al diálogo interconfesional para superar el fundamentalismo religioso.

✝ LA PRIMERA VISITA AL EXTRANJERO DE 2015, QUE TIENE LUGAR DEL 12 AL 15 DE ENERO, LLEVA AL PAPA FRANCISCO A VIAJAR A ASIA POR SEGUNDA VEZ EN SU PAPADO. EL VIAJE COMIENZA EN SRI LANKA PARA CONTINUAR EN FILIPINAS. EN SRI LANKA HAY 1.2 MILLONES DE CATÓLICOS, 6 POR CIENTO DE SU POBLACIÓN. PARTE DE LA MOTIVACIÓN DEL PAPA FRANCISCO PARA VIAJAR A SRI LANKA ES LA BEATIFICACIÓN DE JOSEPH VAZ, MISIONERO DEL SIGLO XVII. EL PAPA INSTA A LA RECONCILIACIÓN ENTRE DISTINTOS GRUPOS Y RELIGIONES TRAS 25 AÑOS DE DEVASTADORA GUERRA CIVIL.

⋎ GUIRNALDA DE ROSAS

A su llegada al aeropuerto de Colombo, en Sri Lanka, el Papa es obsequiado con una guirnalda de rosas blancas y amarillas, que muestra los colores de la bandera vaticana.

⋎ MIRADA BUDISTA

Un monje budista observa al papa Francisco, quien hace una visita imprevista al templo. Es el segundo pontífice en la historia que visita un templo budista.

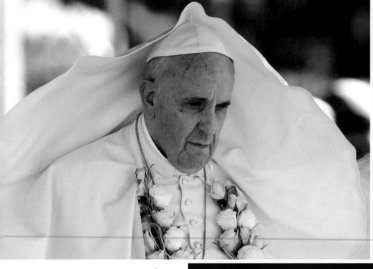

❯ MANTO AZAFRÁN

El papa Francisco recibe un manto azafrán del sacerdote hindú Kurukkal SivaSri T Mahadeva, en un encuentro interconfesional en Colombo. En su visita a Sri Lanka, el pontífice insta a las diferentes religiones del país a unirse para curar las heridas causadas por la guerra civil.

SRI LANKA
TIERRA DE DIVERSIDAD RELIGIOSA

∀ NUESTRA SEÑORA DE MADHU

El papa Francisco sostiene una imagen de Nuestra Señora de Madhu en el santuario del norte de Sri Lanka. Unas 300 000 personas le dan la bienvenida al santuario, donde él insta a la reconciliación.

> ORACIONES DE FE

Una mujer reza mientras espera la llegada del papa Francisco al santuario de Nuestra Señora de Madhu, lugar santo del cristianismo en la isla.

< CABEZA CUBIERTA

Una mujer se pone una mantilla de encaje blanco sobre la cabeza antes de la misa de canonización de Joseph Vaz, el primer santo de Sri Lanka. Es una prenda tradicional del culto en muchos lugares del mundo.

∀ NUEVOS CAMINOS PARA LA IGLESIA

«En lugar de ser solamente una Iglesia que acoge y recibe, manteniendo sus puertas abiertas, busquemos más bien ser una Iglesia que encuentra caminos nuevos», dice el Papa.

✝ EL PAPA FRANCISCO VIAJA A FILIPINAS, DONDE EL 86 POR CIENTO DE LA POBLACIÓN ES CATÓLICA, ENTRE EL 15 Y EL 19 DE ENERO DE 2015. OFRECE APOYO Y CONSUELO A LOS SUPERVIVIENTES DEL DEVASTADOR TIFÓN QUE GOLPEÓ LA REGIÓN EL AÑO ANTERIOR. IRÓNICAMENTE, OTRA TORMENTA TROPICAL FUERZA AL PONTÍFICE A ACORTAR SU VISITA, AUNQUE ÉL DESAFÍA A LOS ELEMENTOS PARA REUNIRSE CON LOS MILLONES DE PERSONAS QUE LE DAN UNA CALUROSA BIENVENIDA. A SU MARCHA, PROMETE REGRESAR.

FILIPINAS

MIRADA AL FUTURO

< LLUVIOSA BIENVENIDA

El Papa admite que estuvo molesto con el desapacible tiempo y pide disculpas a sus anfitriones por la impaciencia mostrada durante su visita.

∨ DESAFIANDO A LOS ELEMENTOS

El Papa, con uno de los impermeables amarillos distribuidos antes de la misa en Tacloban.

∨ ICONO HISTÓRICO

Una monja reza con una réplica del Santo Niño, importante icono religioso en las Filipinas desde el siglo XVI.

∧ SONRISAS DE ESPERANZA

Las autoridades instan al Papa a cancelar la misa cerca del aeropuerto de Tacloban por las víctimas del tifón *Yolanda*, pero él se niega.

∧ PALABRAS DE CONSUELO

El Papa dice que no tiene palabras que expresen su pesar por las víctimas del tifón, pero que espera que su presencia pueda ser de algún alivio.

ⱽ HASTA LA VISTA, FILIPINAS

«La fe nos enseña que cada hombre es una bendición para mí, que la luz del rostro de Dios me ilumina a través del rostro del hermano», dice el Papa en su primera encíclica, *Lumen Fidei* («La luz de la fe»).

ÍNDICE

PF es la abreviatura
de Papa Francisco

AGRADECIMIENTOS

Los editores agradecen a los propietarios de las fotografías su autorización para reproducirlas en este volumen, según se indica:

Fotografia Felici: Rodolfo Felici, Giuseppe Felici, Alberto Felici, y Gianlorenzo Pontrandolfi.

(Leyenda: a–arriba; b–abajo; c–centro; f–extremo; l–izquierda; r–derecha; t–arriba; ftl–extremo superior izquierdo; ftr–extremo superior derecho; fbl–extremo inferior izquierdo; fbr–extremo inferior derecho)

1 Giuseppe Felici. 2 Giuseppe Felici: (tl, cla, fbl, bl, bc). **Alberto Felici:** (tr, fbr). **Rodolfo Felici:** (cra, br). **3 Rodolfo Felici:** (tl, cla, cra, tr, clb, bc, fbr). **Giuseppe Felici:** (fbl, crb). **8–9 Corbis:** Filippo Fiorini / Demotix. **10 Getty Images:** API. **11 Getty Images:** Franco Origlia. **12 Getty Images:** Franco Origlia (t, b). **13 Getty Images:** API. **14 Getty Images:** Mario Tama / Staff. **15 Corbis:** Tony Gomez / DyN / Reuters (b). **Getty Images:** Emiliano Lasalvia / STR (t). **16 Getty Images:** AFP (t); Marco Longari (b). **17 Rodolfo Felici. 18–19 Dorling Kindersley:** Christopher Pillitz. **20–21 Corbis:** Radek Pietruszka / epa. **22 Corbis:** Osservatore Romano / Reuters (t, bl, br). **23 Corbis:** Osservatore Romano / Reuters (l, tr, br). **24–25 Corbis:** Osservatore Romano / Reuters. **26 Corbis:** Osservatore Romano / Reuters. **27 Corbis:** Alessandro Bianchi / Reuters (tr); Osservatore Romano / Reuters (tl, bl, bc, br). **28 Corbis:** Alessandra Benedetti (r); Osservatore Romano / Reuters (tl); Michael Kappeler / EPA (bl). **29 Corbis:** Maurizio Brambatti / epa (l); Michael Kappeler / EPA (tr). **Rodolfo Felici:** (br). **30 Rodolfo Felici:** (t, c, b). **31 Rodolfo Felici:** (t, b). **32–33 Rodolfo Felici. 34 Corbis:** Osservatore Romano / Reuters (tl, bl). **34–35 Corbis:** Osservatore Romano / Reuters. **35 Corbis:** Osservatore Romano / Reuters (r). **36 Corbis:** Alessandro Bianchi / Reuters (tl); Max Rossi / Reuters (tr); Massimo Percossi / ANSA (b). **37 Corbis:** Maurizio Brambatti / ANSA (t); Massimo Percossi / ANSA (b). **38–39 Getty Images:** Joe Raedle. **39 Getty Images:** Joe Raedle (r). **40 Corbis:** Maurizio Brambatti / ANSA (l). **40–41 Corbis:** L'Osservatore Romano. **41 Corbis:** Michael Kappeler / dpa (r). **42 Giuseppe Felici:** (l, r). **43 Giuseppe Felici:** (t, bl, br). **44 Rodolfo Felici:** (t, b). **45 Giuseppe Felici:** (t, b). **46 Giuseppe Felici:** (tl, bl). **46–47 Rodolfo Felici. 47 Rodolfo Felici:** (tr). **Giuseppe Felici:** (br). **48 Corbis:** Ciro Fusco / epa (bl). **Rodolfo Felici:** (tl). **Giuseppe Felici:** (cl). **48–49 Giuseppe Felici. 49 Rodolfo Felici:** (tr). **50–51 Corbis:** Alessandro Bianchi / Reuters. **52–53 Rodolfo Felici:** (b). **53 Corbis:** Tony Gentile / Reuters (tr). **54 Corbis:** Alessia Giuliani / CPP / Vatican Pool / Alessandra Benedetti (b). **Giuseppe Felici:** (t). **55 Giuseppe Felici. 56 Alberto Felici:** (l, tr, br). **57 Giuseppe Felici:** (t). **Alberto Felici:** (b). **58 Giuseppe Felici:** (tl). **Rodolfo Felici:** (tr, bl, br). **59 Rodolfo Felici. 60–61 Rodolfo Felici. 62 Giuseppe Felici:** (tl, tr, bl, br). **63 Giuseppe Felici. 64–65 Giuseppe Felici. 66–67 Corbis:** Andrew Medichini / Pool / epa. **67 Corbis:** Alessandra Benedetti (cr); Andrew Medichini / Pool / epa (tr, br). **68–69 Corbis:** Alessandra Benedetti. **69 Corbis:** Alessandra Benedetti (br); Stefano Costantino / Splash News (t). **70 Giuseppe Felici:** (l). **70–71 Giuseppe Felici:** (c). **71 Giuseppe Felici:** (tr, br). **72 Rodolfo Felici:** (t). **Getty Images:** Vincenzo Pinto / AFP (b). **73 Rodolfo Felici. 74–75 Rodolfo Felici:** (c). **75 Rodolfo Felici:** (tr, br). **76–77 Giuseppe Felici. 78 Giuseppe Felici:** (tl, b). **Alberto Felici:** (tr). **79 Rodolfo Felici:** (l, tr). **Giuseppe Felici:** (br). **80–81 Giuseppe Felici. 82 Corbis:** Alessandra Benedetti (l). **82–83 Corbis:** Alessandra Benedetti. **83 Corbis:** Alessandra Benedetti (r). **84 Corbis:** Kevin Lamarque / Reuters (b); Claudio Peri / epa (t). **85 Rodolfo Felici. 86 Corbis:** Alessandra Benedetti / Vatican Pool (b); Alessandro Bianchi / Reuters (tl); Claudio Peri / ANSA (tr). **87 Corbis:** Max Rossi / Reuters. **88 Alamy Images:** EPA / Osservatore Romano. **89 Alamy Images:** EPA / Osservatore Romano (t, b). **90 Corbis:** infitmi–02 / INFphoto.com (b); Claudio Peri / epa (tl, tr). **91 Corbis:** Gabriel Bouys / POOL / epa (b). **Getty Images:** Franco Origlia (t). **92 Rodolfo Felici:** (l, tr, br). **93 Giuseppe Felici:** (l, tr, br). **94 Corbis:** Alessandra Benedetti (t); Stefano Rellandini / Reuters (b). **95 Corbis:** Giuseppe Ciccia / NurPhoto. **96–97 Giuseppe Felici. 97 Corbis:** Alessandro Bianchi / Reuters (br). Giuseppe Felici: (tl, tr). **98–99 Giuseppe Felici. 100–101 Rodolfo Felici:** (c). **101 Giuseppe Felici:** (tl, br). **Rodolfo Felici:** (tr). **102–103 Rodolfo Felici. 104 Corbis:** Osservatore Romano / Reuters. **105 Corbis:** Osservatore Romano / Reuters (t, b). **106 Giuseppe Felici:** (tl). **106–107 Corbis:** Alessandro di Meo / ANSA (tc). **Rodolfo Felici:** (b). **107 Rodolfo Felici:** (tr). **108–109 Corbis:** Osservatore Romano / Reuters. **110 Corbis:** Claudio Peri / epa (tl). **Getty Images:** Evren Atalay / Anadolu Agency (bl). **110–111 Corbis:** Alessandra Benedetti (c). **111 Getty Images:** Evren Atalay / Anadolu Agency (t); Franco Origlia (cr, br). **112 Corbis:** Stefano Rellandini / Reuters (br). **Giuseppe Felici:** (l, tr). **113 Giuseppe Felici:** (l, r). **114–115 Giuseppe Felici. 116 Rodolfo Felici:** (tl, bl). **116–117 Getty Images:** Franco Origlia (c). **117 Rodolfo Felici:** (tr, cr, br). **118 Giuseppe Felici:** (tl). **118–119 Alberto Felici. 119 Alberto Felici:** (br). **120 Rodolfo Felici:** (tl, tc, tr, br). **Giuseppe Felici:** (bl). **121 Rodolfo Felici:** (tl). **Giuseppe Felici:** (tr, br). **122–123 Rodolfo Felici. 124 Corbis:** Alessandra Benedetti / Alessandra Benedetti (tl). **Rodolfo Felici:** (bl). **124–125 Corbis:** Alessandra Benedetti / Alessandra Benedetti (b); Tony Gentile / Reuters (t). **125 Giuseppe Felici:** (tr). **126 Giuseppe Felici:** (t, b). **127 Giuseppe Felici. 128 Rodolfo Felici:** (bl, br). **Giuseppe Felici:** (r). **129 Giuseppe Felici:** (tl). **Rodolfo Felici:** (bl, tr, br). **130 Alberto Felici. 131 Giuseppe Felici:** (l, tr, br). **132–133 Giuseppe Felici. 134 Alberto Felici:** (tl, b). **134–135 Giuseppe Felici:** (t). **135 Alberto Felici:** (tc, r). **Rodolfo Felici:** (bc). **136 Rodolfo Felici:** (l). **Giuseppe Felici:** (r). **137 Giuseppe Felici:** (t). **Gianlorenzo Pontrandolfi:** (c, b). **138–139 Rodolfo Felici. 140 Giuseppe Felici:** (l, br). **140–141 Giuseppe Felici. 141 Rodolfo Felici:** (bl). **Giuseppe Felici:** (br). **142 Giuseppe Felici. 142–143 Rodolfo Felici. 143 Rodolfo Felici:** (tl, tr). **144 Giuseppe Felici. 144–145 Rodolfo Felici. 145 Rodolfo Felici:** (bl, tr, br). **146–147 Rodolfo Felici. 147 Giuseppe Felici:** (t, b). **148 Rodolfo Felici:** (t). **Getty Images:** Andreas Solaro / AFP (b). **149 Giuseppe Felici. 150 Rodolfo Felici:** (tl, bl). **150–151 Getty Images:** Giulio Origlia. **151 Corbis:** Max Rossi / Reuters (br). **Giuseppe Felici:** (t). **152 Rodolfo Felici:** (tr, br). **Giuseppe Felici:** (l). **153 Rodolfo Felici:** (t, b). **154–155 Corbis:** Alessandra Benedetti / Alessandra Benedetti. **155 Corbis:** Alessandra Benedetti / Alessandra Benedetti (t, cr); Alessandra Benedetti / Vatican Pool (br). **156 Corbis:** Andrea Franceschini / Demotix. **157 Corbis:** Andrea Franceschini / Demotix (br). **Getty Images:** Franco Origlia (tr); Andreas Solaro / AFP (t, cl, bl). **158 Giuseppe Felici:** (l). **Gianlorenzo Pontrandolfi:** (r). **159 Rodolfo Felici:** (t). **Giuseppe Felici:** (c, br). **Gianlorenzo Pontrandolfi:** (bl). **160 Rodolfo Felici:** (t, b). **161 Rodolfo Felici. 162–163 Rodolfo Felici. 163 Rodolfo Felici:** (t, b). **164 Rodolfo Felici:** (tl). **Giuseppe Felici:** (b). **164–165 Rodolfo Felici. 165 Rodolfo Felici:** (b, t, r). **166 Rodolfo Felici:** (l). **166–167 Rodolfo Felici. 167 Rodolfo Felici:** (tl, tr, br). **168–169 Corbis:** Eberts Peter / Arcaid. **170 Giuseppe Felici:** (t). **Rodolfo Felici:** (b). **171 Alberto Felici. 172–173 Giuseppe Felici. 173 Corbis:** Alessandra Benedetti (t). **Giuseppe Felici:** (br). **174–175 Rodolfo Felici. 175 Giuseppe Felici:** (t). **176 Getty Images:** Franco Origlia / stringer (l). **176–177 Giuseppe Felici:** (t). **Getty Images:** Franco Origlia / stringer (b). **177 Rodolfo Felici:** (tr, br). **Giuseppe Felici:** (bc). **178–179 Rodolfo Felici. 180 Giuseppe Felici:** (t). **Rodolfo Felici:** (b). **181 Rodolfo Felici. 182 Rodolfo Felici:** (tr, br). **Giuseppe Felici:** (l). **183 Rodolfo Felici:** (l, tr, br). **184 Giuseppe Felici:** (l, tr). **Gianlorenzo Pontrandolfi:** (br). **185 Giuseppe Felici:** (l, tr). **Rodolfo Felici:** (br). **186 Corbis:** Alessandra Benedetti / Alessandra Benedetti (tl). **Giuseppe Felici:** (bl, tr). **Rodolfo Felici:** (br). **187 Rodolfo Felici:** (tl, bl, tr, r). **188–189 Rodolfo Felici. 190 Giuseppe Felici:** (t). **Rodolfo Felici:** (b). **191 Rodolfo Felici. 192 Corbis:** Ettore Ferrari / ANSA (tl); Massimo Valicchia / Demotix (bl); Massimo Valicchia / NurPhoto / NurPhoto (r). **193 Getty Images:** Franco Origlia (t, b). **194 Giuseppe Felici:** (l, tr). **Rodolfo Felici:** (br). **195 Giuseppe Felici:** (tl, bl, r). **196–197 Giuseppe Felici. 197 Giuseppe Felici:** (r). **198–199 Rodolfo Felici. 200 Giuseppe Felici:** (t). **Rodolfo Felici:** (b). **201 Rodolfo Felici. 202 Corbis:** Alessandro Bianchi / Reuters. **203 Corbis:** Tony Gentile / Reuters (bl). **Getty Images:** Tiziana Fabi / stringer (t); Franco Origlia / stringer (br). **204 Rodolfo Felici. 205 Rodolfo Felici:** (tl). **Giuseppe Felici:** (bl, br). **Gianlorenzo Pontrandolfi:** (tr). **206 Rodolfo Felici:** (t). **Giuseppe Felici:** (b). **207 Rodolfo Felici:** (l, tr, br). **208 Corbis:** Alessandro di Meo / ANSA (l). **Rodolfo Felici:** (r). **209 Rodolfo Felici:** (tr, br). **Giuseppe Felici:** (l). **210–211 Getty Images:** Giulio Origlia. **211 Getty Images:** Franco Origlia / stringer (t). **212–213 Giuseppe Felici. 213 Giuseppe Felici:** (t). **214 Rodolfo Felici. 215 Rodolfo Felici:** (l, tr, br). **216–217 Corbis:** Alessandro di Meo / epa. **218–219 Getty Images:** Johannes Eisele / AFP. **220 Corbis:** Alessandro Bianchi / Reuters (t); Stefano Rellandini / Reuters (b). **221 Getty Images:** Franco Origlia / stringer. **222 Alamy Images:** epa european press photo agency b.v. (b). **Getty Images:** Tullio M Puglia / stringer (tl, tr). **223 Getty Images:** Tullio M Puglia / stringer (l); Andreas Solaro / AFP (r). **224 Corbis:** Alessandra Benedetti (bl); Stefano Dottori / NurPhoto / NurPhoto (tr, br). **Getty Images:** Marco Secchi / stringer (tl). **225 Corbis:** Pool / Reuters (tr, br). **Getty Images:** Vatican Pool (l). **226 Getty Images:** Vincenzo Pinto / AFP (r); Andreas Solar / AFP (l). **226–227 Getty Images:** Franco Origlia (b). **227 Corbis:** Fotonews / Splash News (tl). **Getty Images:** Alberto Rizzoli / AFP (br); Franco Origlia / stringer (tr). **228–229 Corbis:** Stefano Rellandini / Reuters. **229 Corbis:** ANSA (tr); Stefano Rellandini / Reuters (tl); Matteo Chinellato / XianPix (b). **230 Corbis:** Chamila Karunarathne / Demotix (b); Eyal Warshavsky (t). **231 Getty Images:** Giuseppe Cacace / AFP. **232 Corbis:** Aline Massuca / epa (bl); Stefano Rellandini / Reuters (tl); Luca Zennaro / Pool / epa (bc). **232–233 Corbis:** Ricardo Moraes / Reuters. **233 Corbis:** Sergio Moraes / Reuters (b); Luca Zennaro / Pool / epa (t, br); Max Rossi / Reuters (tr). **234–235 Getty Images:** Christophe Simon / AFP. **235 Getty Images:** Yasuyoshi Chiba / AFP (t). **236–237 Corbis:** GPO / Pool / NurPhoto. **237 Corbis:** Jim Hollander / epa (b); Andrew Medichini / Pool / epa (t). **238 Corbis:** Daniel Dal Zennaro / epa (t, b). **238–239 Corbis:** Issei Kato / Reuters. **239 Corbis:** Jung Yeon-Je / Pool / epa (t); Daniel Dal Zennaro / epa (b). **240 Corbis:** Tony Gentile / Reuters (tl); Christophe Karaba / epa (bl). **240–241 Corbis:** Arben Celi / Reuters. **241 Getty Images:** Armend Nimani / stringer (r); Gent Shkullaku / stringer. **242 Getty Images:** Filippo Monteforte / AFP (l). **242–243 Corbis:** Tolga Bozoglu / epa. **243 Corbis:** Alessandro di Meo / epa (t). **Getty Images:** Anadolu Agency / contributor (r). **244 Corbis:** Ettore Ferrari / epa (b); Stefano Rellandini / Reuters (tl, tr). **244–245 Corbis:** Chamila Karunarathne / Demotix. **245 Corbis:** Ettore Ferrari / epa (b); Alessandro Tarantino / Pool / epa (t). **246–247 Corbis:** Stefano Rellandini / Reuters. **248–249 Corbis:** Dennis M Sabangan / epa. **249 Corbis:** Dennis M Sabangan / epa (tl, c). **Getty Images:** Ted Aljibe / AFP (cr); Johannes Eisele / AFP (b). **250–251 Corbis:** Ezra Acayan / Reuters. **256: Fotografia Felici**

Imágenes de portada y sobrecubierta: Fotografia Felici

Para más información: www.dkimages.com

DK quiere agradecer a Steve Crozier (Butterfly Creative Services Ltd) el retoque del color.

FOTOGRAFIA FELICI

Fotografía Felici es un estudio fotográfico familiar fundado por Giuseppe Felici en 1863. Con una historia de más de 150 años, es uno de los más antiguos estudios gestionado por una misma familia.

En 1888, Giuseppe Felici obtuvo la medalla de oro de la Exposición Universal del Vaticano, pero el documento que lo nombra fotógrafo papal, firmado por el papa Pío X, data del 15 de octubre de 1903. Desde entonces, el estudio ha trabajado casi exclusivamente para el Vaticano.

EL ESTUDIO FELICI, *c.* 1910

Actualmente, Fotografía Felici es uno de los dos estudios, junto con *L'Osservatore Romano*, que comparten el privilegio de registrar eventos papales en el Vaticano. Su función es la de crear un testimonio fotográfico de esos eventos y brindar a las personas que visitan al Papa un recuerdo especial de las emociones vividas.

Rodolfo Felici es la quinta generación que sigue la tradición familiar. Es un cualificado arquitecto y ha trabajado en el Vaticano desde 1999, junto a su padre Giuseppe y otros miembros de la familia.

Fotografía Felici ha donado la totalidad de los derechos de autor de este libro a la Oficina Papal de Caridad, una organización apoyada por el mismo papa Francisco que vela por los pobres de la ciudad de Roma. Bajo sus auspicios, las personas disponen de comida y ropa, y cuentan con servicios médicos y de salud. Quienes atraviesan una situación difícil pueden pedir ayuda al limosnero papal, que actúa siguiendo las directrices personales del papa Francisco.

Para más información: **www.fotografiafelici.com**